Eu vou passar em concursos

Preencha a **ficha de cadastro** no final deste livro
e receba gratuitamente informações
sobre os lançamentos e as promoções da Elsevier.
Consulte também nosso catálogo
completo, últimos lançamentos
e serviços exclusivos no site
www.elsevier.com.br

João Antonio
Sylvio Motta

Eu vou passar em concursos

© 2011, Elsevier Editora Ltda.

Todos os direitos reservados e protegidos pela Lei nº 9.610, de 19/02/1998. Nenhuma parte deste livro, sem autorização prévia por escrito da editora, poderá ser reproduzida ou transmitida sejam quais forem os meios empregados: eletrônicos, mecânicos, fotográficos, gravação ou quaisquer outros.

Copidesque: Silvia Lima Barbosa
Revisão: Wilton Fernandes Palha Neto
Editoração Eletrônica: Studio Creamcrackers Ltda.

Elsevier Editora Ltda.
Conhecimento sem Fronteiras
Rua Sete de Setembro, 111 – 16º andar
20050-006 – Centro – Rio de Janeiro – RJ – Brasil

Rua Quintana, 753 – 8º andar
04569-011 – Brooklin – São Paulo – SP – Brasil

Serviço de Atendimento ao Cliente
0800-0265340
sac@elsevier.com.br
ISBN 978-85-352-4423-6

Nota: Muito zelo e técnica foram empregados na edição desta obra. No entanto, podem ocorrer erros de digitação, impressão ou dúvida conceitual. Em qualquer das hipóteses, solicitamos a comunicação ao nosso Serviço de Atendimento ao Cliente, para que possamos esclarecer ou encaminhar a questão.

Nem a editora nem o autor assumem qualquer responsabilidade por eventuais danos ou perdas a pessoas ou bens, originados do uso desta publicação.

CIP-BRASIL. CATALOGAÇÃO-NA-FONTE
SINDICATO NACIONAL DOS EDITORES DE LIVROS, RJ

C321e   Carvalho, João Antonio
        Eu vou passar em concursos / João Antonio, Sylvio Motta. - Rio de Janeiro: Elsevier, 2011.
        (Ferramentas do desempenho)

        ISBN 978-85-352-4423-6

        1. Método de estudo. 2. Concursos. 3. Exames - Manuais, guias, etc. I. Motta Filho, Sylvio Clemente da. II. Título. III. Série.

11-0928.   CDD: 371.3028
                                                       CDU: 37.041

Dedicatória

Dedico este livro a Deus, nosso amado Pai! Senhor de nossas vidas e de nossos caminhos! Que Ele desperte em você, amigo leitor, a consciência de que é necessário estudar! ESTUDAR MUITO!

João Antonio

À minha mãe, com quem aprendi a arte de ensinar.
Ao meu pai, exemplo de retidão, caráter e honestidade.
Ao meu irmão, que padece de inquietação que apenas acomete os gênios que visitam a Terra.
À minha Cida, amor da minha vida, sem ela me perderia até reencontrá-la.
Ao João, aquele que ilumina meus caminhos.
Ao Pedro, aquele que fortalece minha fé.
Ao Tiago, aquele que me ensina a ternura.
Ao Roger, aquele que desafia meu ego.

Sylvio Motta

Agradecimento

A todos que ensinam porque gostam, que têm o magistério em seus corações e suas almas (e não em seus "bolsos").
A vocês, amigos Mestres (de verdade), meu carinho e meu agradecimento sincero! Somos poucos, muito poucos! Um pequeno batalhão entre exércitos inimigos muito numerosos, mas o nosso combate é bom! Vale a pena!

João Antonio

A Deus, inteligência suprema, causa primária de todas as coisas.

Sylvio Motta

Biografia dos autores

João Antonio

Olá amigo leitor, sou João Antonio, professor de informática há (não espalha) mais de 15 anos (boa parte destes dedicados aos concursos públicos).

Como não consigo ficar satisfeito com nada que faço, escrevi este livro para vocês, depois de ter fundado e estar dirigindo o site www.euvoupassar.com.br (se você nunca acessou, está perdendo tempo) e www.beabyte.com.br (minha singela contribuição para a Educação deste país).

Sou um filho muito amado de Deus e, por isso, todos os dias tenho que fazer o melhor que puder para agradecer a Ele por tudo, em especial pela grande honra de escrever este livro, junto com o Mestre Sylvio, ESPECIALMENTE para você, amigo leitor!

Sylvio Motta

Olá! Sou Sylvio Motta e tenho 47 anos de idade, 25 dos quais dedicados a preparar pessoas como você para concursos públicos. Portanto, dediquei mais da metade da minha vida a lecionar, escrever, coordenar cursos preparatórios, participar de bancas, editar obras de outros professores e, principalmente, acompanhar a saga individual de milhares de candidatos até sua aprovação para o cargo almejado.

A essa altura da minha vida, já não importa mais quantos livros escrevi ou o meu currículo acadêmico. De agora em diante, o importante é quantas pessoas eu cativei, quantos alunos consolei e, sobretudo, quantos caminhos ajudei a pavimentar, ainda que apenas com um tijolinho.

Sumário

Dedicatória, 6
Agradecimento, 6
Biografia dos autores, 7

Capítulo 0
Antes de começarmos..., 13

Capítulo 1
A Decisão, 21
O que significa fazer concurso, 21
Definindo o Alvo, 23
Quando não dá mais para adiar, 30
Motivação não se vende em farmácias, 34

Capítulo 2
O Candidato, 41
O candidato ideal, 41
Concurso público: ordem ou caos?, 44
O candidato *on-line*, 49
Pokémon para concursos, 51
Converse com a criança que existe dentro de você, 57
Sem psicografia, e com muito estudo, 58
O candidato mitológico, 62

Capítulo 3
A Preparação, 69
As falhas das técnicas infalíveis, 70
A saga do professor, 74
Quem reclama não passa, 78
Sempre grave a aula, 84
É possível estudar em casa?, 86
Entre lenhadores e coletores de castanhas, 94
Dicas para a prova discursiva, 96

Capítulo 4
O Edital, 105
Da agonia ao êxtase em dez passos, 105
"Edital" só vem antes de "preparação" no dicionário, 108
Conhecendo as regras do jogo, 114
Ano Eleitoral e Concursos, 118

Capítulo 5
A Prova, 125
Dia de prova, dia de estreia, 125
O tempo não para, 128
Para usar em caso de emergência, 132

Capítulo 6
O Dia Seguinte, 141
A manhã seguinte, 141
Passei, e agora?, 145

Capítulo 7
Os Dez Mandamentos do Concursando, 151

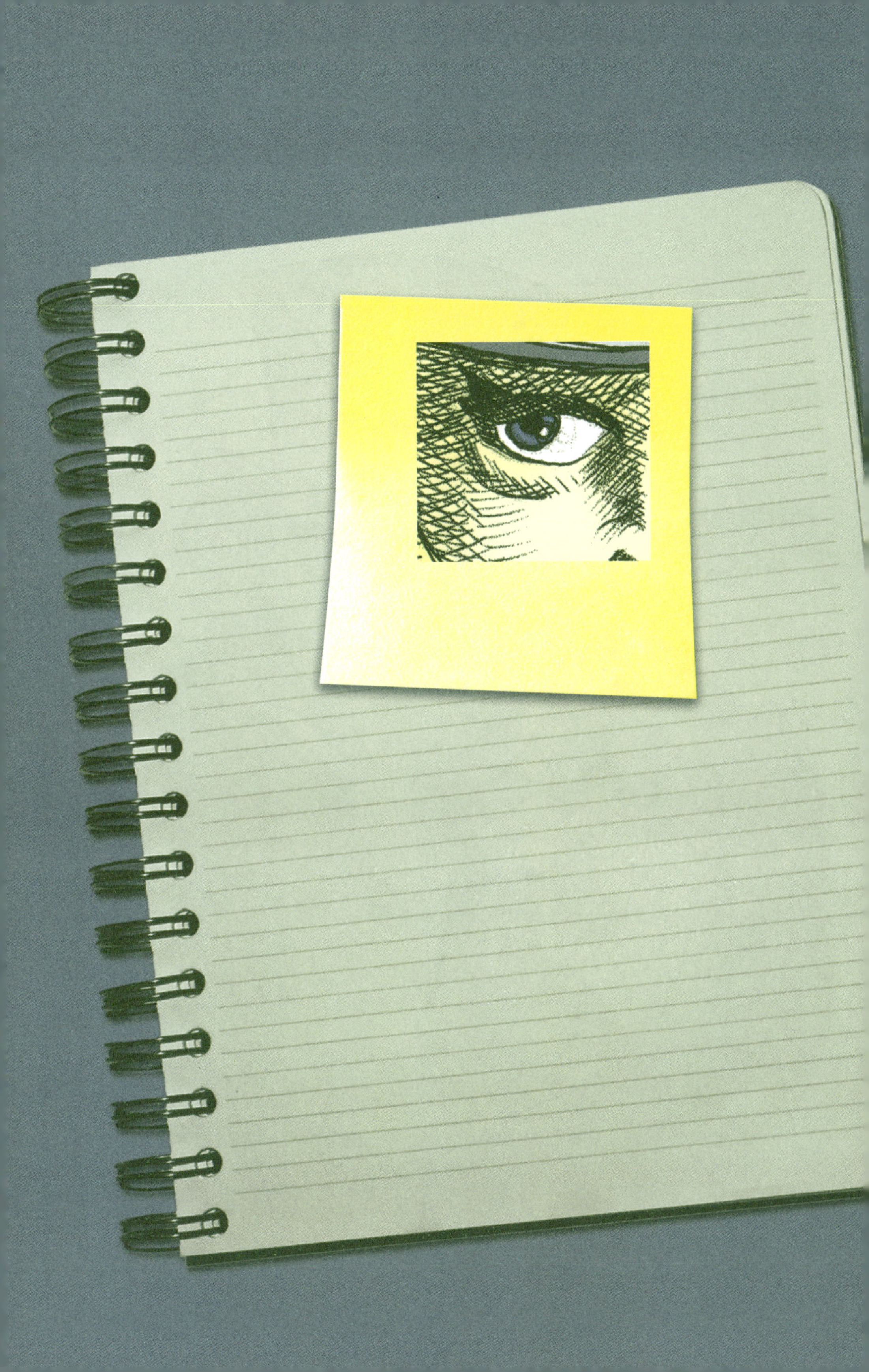

Capítulo 0
Antes de começarmos

Prezado leitor, é um grande prazer poder falar (na verdade, escrever) para você sobre a preparação para concursos públicos.

Antes, porém, de entrarmos propriamente no "mundo dos concursos", gostaríamos de deixar claro o objetivo deste livro e, também, o que não é objetivo dele. Justamente porque respeitamos muito seu esforço (tanto de tempo, para lê-lo, como de investimento, para comprá-lo), temos a obrigação de explicar exatamente o que você vai encontrar nestas páginas e o que não vai encontrar nelas.

Este livro **NÃO** foi feito para você se, neste momento:
- acha que concurso não é para você, por qualquer motivo; **OU**
- precisa (ou acha que precisa) de apoio carinhoso e pala-

vras que elevam o estado emocional abalado por uma derrota recente em concursos; **ou**

• está em dúvida quanto a fazer concursos e busca a resposta que lhe dará alegria e ânimo para arriscar enfrentar aquela próxima prova; **ou**

• quer ler frases de efeito, tiradas de filósofos, pensadores, gurus (verdadeiros e falsos) e outros que nunca fizeram concursos públicos, porque simplesmente acha que essas frases vão tocá-lo de algum modo, turbinando seu cérebro para ajudá-lo no árduo caminho que virá; **ou**

• precisa de qualquer pretexto para fugir do estudo, de preferência por meio de livros longos de autoajuda ou livros "disfarçados", que parecem trazer técnicas de estudo, mas são, na verdade, carregados de apelos emocionais. Esse, diga-se de passagem, não é o estilo deste livro (e é justamente contra esse tipo de estilo que este livro que você tem em mãos luta abertamente); **ou**

• precisa ouvir (ler) algumas lorotas que dizem que o caminho para os concursos é fácil (porque não é), que tem vaga para todo mundo (porque não tem), que todo mundo que se mantém na fila vai passar um dia (porque não vai). Ah... Este livro realmente não é para você!

Então, é isso! Se você precisa mais de apoio emocional do que de tomar a decisão "pé no chão" de sentar na cadeira e começar a estudar, fuja deste livro. Não o compre! Se já comprou, doe-o ou venda-o.

Este livro é, sim, preconceituoso. Ele discrimina pessoas que se iludem, achando que dá para estudar para concurso apenas rezando ou recitando mantras.

A partir desta frase, se você chegou até aqui e decidiu continuar, este livro **É** para você, apenas se...

• já decidiu que vai fazer concursos públicos, por qualquer que seja o motivo (estabilidade, tranquilidade, qualidade de vida, salário, competição com parentes e/ou amigos que já passaram, cobrança familiar, inveja do carro do vizinho etc.); E

• sabe que tem que estudar muito; E

• sabe que o caminho é árduo; E

• sabe que não deve perder tempo lendo coisas que não vão cair na prova; E

• está cansado de ver textos sobre "qualquer coisa para concursos"; E

• precisa "desestressar" dos estudos e sabe que uma boa dose de humor é melhor que litros e litros de autopiedade regada a palavras vãs que podem até criar a ilusão de que ajudam, mas que, na verdade, não o acompanharão na hora do "vamos ver", lá na prova.

Este livro o ajudará na hora da prova? Não sabemos e não podemos prometer (ninguém pode). É você quem vai dizer (depois que fizer a prova).

Podemos garantir que vamos passar todas as experiências que adquirimos nesses anos, acompanhando inúmeros alunos vitoriosos e outros tantos que não foram bem-sucedidos.

Traremos também a experiência de quem vive "no lado de cá", nesse mundo oculto que é o "mercado dos concursos", no qual muitos bons mestres têm morada, mas no qual muitos "espíritos de porco" fazem fama (e se deitam na cama). Não os apontaremos, mas mostraremos como é possível selecioná-los.

Como você pode notar, o livro é pequeno. E é justamente porque não queremos que você desvie muito dos seus estudos nem para nos ler. Vá estudar! É isso que fará você passar. Nos intervalos, nós estaremos aqui para compartilhar nossas ideias com você.

Os autores

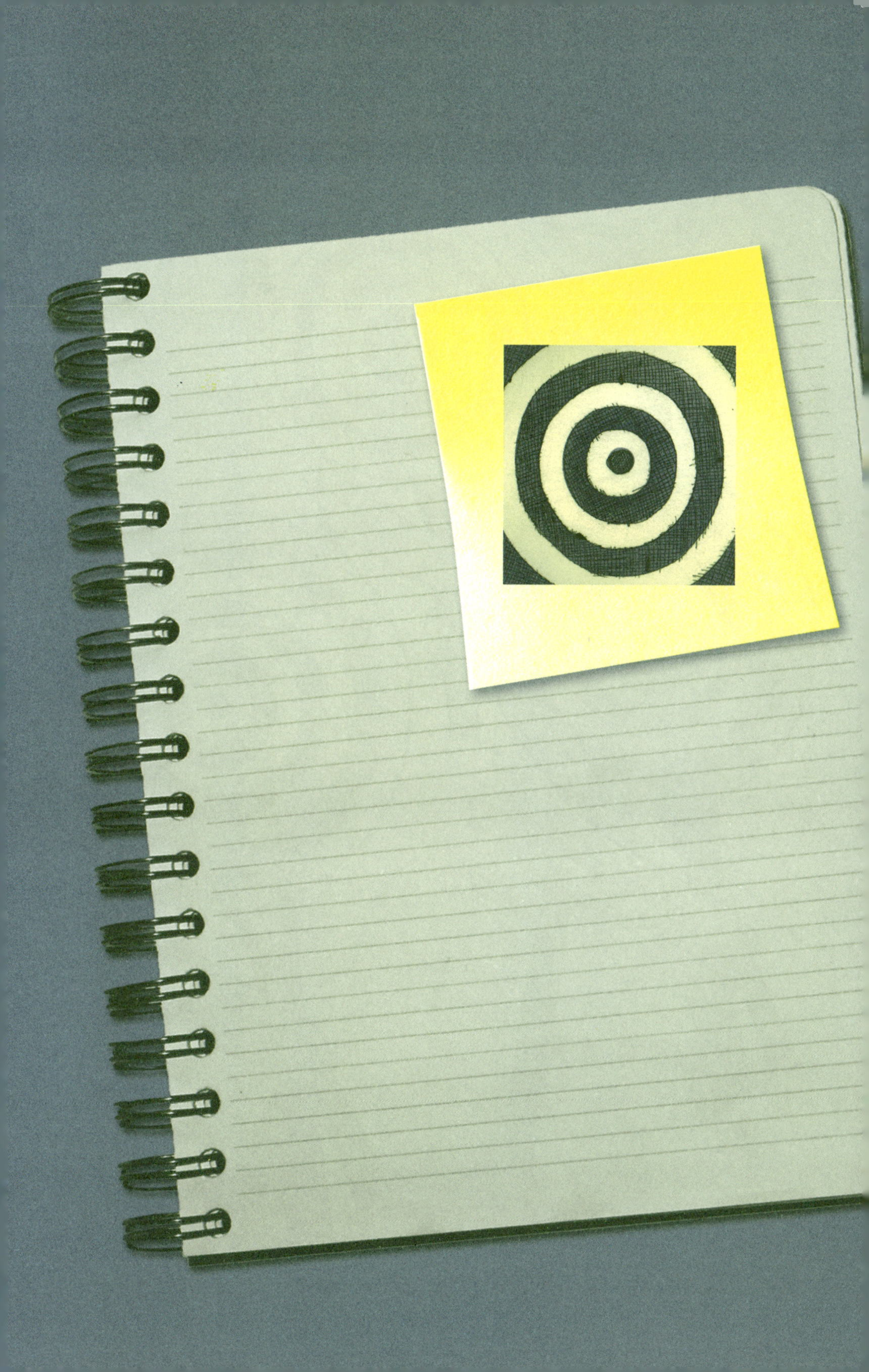

Capítulo 1
A decisão

O que significa fazer concurso

Existem muitos motivos que podem levar alguém a prestar concursos públicos: necessidade financeira, busca pela estabilidade, vocação, busca por poder ou posição social, entre outros. E fique ciente, caro leitor, que não importa qual tenha sido o seu motivo. Nós o entendemos.

No entanto, a maioria dos candidatos, pelo menos quando inicia o processo de preparação, não faz a menor ideia do que verdadeiramente significa fazer um concurso público. Espero sinceramente que esse não seja o seu caso.

Antes de tudo, preparar-se para concursos é um processo de autodescobrimento, em que você precisa despir-se completamente diante do espelho (feche a janela antes). Agora é sério, sem brincadeiras: você precisa descobrir-se, entender-se. Nesse processo não há espaço para fugas de si mesmo.

Enfim, não é um processo fácil. Serão necessárias infindáveis horas de estudo e concentração. Milhares de páginas lidas, relidas e entendidas!

O pior, no entanto, são as ausências. Não participar, com a mesma frequência de antes, de reuniões sociais. Abdicar de alguns momentos familiares. Não comparecer a festas de aniversário. Não viajar nos feriados para aproveitar o silêncio da casa ou a aula de revisão no cursinho. E ainda contar com a cumplicidade e a compreensão de todo mundo, sentimentos que nem sempre existem por parte dos mais próximos.

Fazer concurso significa descobrir-se, reinventar-se.

Fazer concurso significa perseverar, compreendendo que toda virtude um dia foi disciplina. Significa "perder" alguns meses para ganhar, em algum momento, a aprovação e, pelo resto da vida, a tranquilidade da estabilidade do serviço público.

Todavia, é inútil escrever tudo isso. Por mais objetivas que sejam as minhas palavras, nada disso fará sentido para você. Pelo menos não até que você viva essa aventura.

Bem-vindo ao terrivelmente maravilhoso mundo dos concursos públicos!

Fala, concurseiro!

Raimundo Pereira dos Reis, 29 anos, formado em Letras e atualmente analista tributário da Receita Federal do Brasil (ATRFB), explica como "caiu a ficha" que o fez começar a estudar para concursos.

"Depois de duas reprovações em entrevistas de trabalho, currículo pré-selecionado, senti que fui reprovado por preconceito racial (sou negro). Isso foi em 2002, eu tinha 21 anos. Então decidi seguir por um caminho em que a cor da minha pele não seria 'requisito' para entrar. Além disso, um mantra do meu pai me ajudou muito: 'você nasceu negro, não canta pagode e nem tem vocação pra jogador de futebol, então ESTUDE!'"

Definindo o alvo

Existem, genericamente, três grandes áreas de concurso público, cada uma com suas especificidades e segredos. A primeira preocupação do futuro candidato é definir em qual delas vai concentrar seus esforços. Essa decisão deve levar em consideração alguns fatores que pretendemos enfocar aqui. Inicialmente convém perceber quais são essas áreas e suas singularidades.

A área jurídica compreende os concursos que exigem como pré-requisito o bacharelado em Direito. As provas podem ter diversos formatos, desde questões objetivas (do tipo múltipla escolha), passando pelas dissertativas até, em certos concursos, arguições orais. São exemplos de provas dessa área: as de procuradorias, as de defensorias, as de magistraturas, as de advocacias públicas, as de delegado de polícia etc.

Já a área fiscal envolve todos os concursos para órgãos públicos de fiscalização do Executivo, nos quais os cargos têm como pré-requisito a conclusão de qualquer curso superior reconhecido pelo Ministério da Educação. As provas, nesse caso, são quase sempre compostas por questões objetivas, em que o candidato deve selecionar uma das opções como sendo a correta (múltipla escolha) ou, em outros casos, assinalar se a assertiva é verdadeira (V) ou falsa (F). O estilo da prova em si varia dependendo da instituição organizadora, caro leitor.

Não há, exatamente, um padrão restrito nesses tipos de prova. A área fiscal é, sem dúvida, aquela em que o estilo das provas mais varia de cargo para cargo. Algumas provas, hoje em dia, inclusive, exigem uma segunda fase com perguntas discursivas (em que se avalia a qualidade da redação do candidato, além de seu conhecimento avançado na matéria, claro).

Como exemplos de concursos dessa área, temos aqueles para cargos de analista de finanças e controle, de auditor da Previdência Social, de auditor da Receita Federal, de analista de comércio exterior, entre vários outros.

A área técnica corresponde a todos os concursos que não se encaixam nas duas áreas anteriores. Alguns exigem curso superior, outros não. As provas, geralmente, seguem o padrão da área fiscal, e exigem do candidato mais um esforço de memorização do que propriamente um conhecimento mais aprofundado das matérias que as compõem. São exemplos os concursos para analistas e técnicos dos tribunais, para os cargos técnicos dos bancos públicos (Banco do Brasil, BNDES, Caixa Econômica Federal), para os cargos administrativos e de investigação das polícias, entre muitos outros.

Pronto, leitor! É só isso. Note, agora, que é imprescindível manter o foco no seu objetivo. Certamente surgirão "tentações" de todos os tipos induzindo você à prática aleatória de concursos (ou seja, "atirar para todo lado"). **FUJA DESSA IDEIA!** Se você fizer isso, estará transformando o já árduo processo de preparação em uma aventura irresponsável (serão meses improdutivos de perda de tempo para o seu objetivo verdadeiro). O estilo "franco-atirador" (ou seja, "passou na frente, eu tô pegando") está definitivamente fora de moda.

Acrescentemos a isso o fato de que cada uma dessas áreas exige uma forma de estudo específica, o que vai exigir de você uma visão quase enciclopédica de diversas ciências (se você escolher a área fiscal) ou um alto nível de aprofundamento doutrinário e jurisprudencial em uma única (como na área jurídica). E tem mais: mesmo o enfoque de algumas disciplinas muda radicalmente de um concurso para o outro. Por exemplo, estudar Direito Processual Civil para o concurso de técnico do Tribunal Regional Federal é completamente diferente de estudar a mesma disciplina para o cargo de procurador da República.

Até mesmo as formas de avaliação adotadas pelas provas objetivas de concursos públicos têm evoluído constantemente.

As questões das bancas **Esaf** e **FCC**, por exemplo, se caracterizam pelo estilo "uma em cinco", ou seja, são apresentadas cinco alternativas e somente uma está certa. Nesse estilo, você pode utilizar o famoso processo de exclusão ("descartar" logo algumas das cinco), restando-lhe, não raro, apenas duas opções.

É aí que mora o perigo! O que você faria, caro leitor, com duas alternativas muito parecidas, e você não tem certeza de qual é a certa? Procure a **MAIS CERTA** ou aquela que é a **CERTA** na maioria dos casos. Ou se não houver nenhuma **CERTA** (ou se você não tiver certeza), encontre a **MENOS ERRADA**, ou aquela que é **ERRADA** na minoria dos casos.

É o dilema das questões de múltipla escolha, meus amigos.

A instituição examinadora Cespe/UnB faz, em muitos de seus concursos, provas também com múltipla escolha, mas, especialmente nas provas para órgãos nacionais (Polícia Federal, Polícia Rodoviária Federal, Tribunais Superiores e MPU), essa banca costuma agir de uma maneira diferente (que preocupa os candidatos): questões do tipo **CERTO OU ERRADO**.

Nesses casos, a prova é composta de centenas de assertivas (sentenças, frases) que você deve analisar e julgar como **VERDADEIRAS** ou **FALSAS**. Técnicas como o processo de exclusão não são possíveis aqui! Cada assertiva é isolada, independente e dolorosamente grande!

Grande, sim! O Cespe/UnB adora utilizar textos grandes tanto nos enunciados das assertivas quanto nos textos de apoio que as acompanham. Isso torna o **TEMPO** o seu maior inimigo, amigo leitor.

Aprenda: se você vai enfrentar o Cespe/UnB, será preciso 1) ler rápido; 2) raciocinar mais rápido; e 3) decidir mais rápido ainda! Mas pode ter certeza: é quase humanamente impossível responder, conscientemente, a uma prova inteira do Cespe/UnB no tempo que eles oferecem! Eles fazem de propósito!

Costumamos dizer que o Cespe/UnB tem estilo "parnasiano" para formular suas questões (o texto é muito rebuscado, enrolado, repleto de palavras, mas o conteúdo em si é pequeno, como você percebe depois de interpretá-las). Na Esaf, as questões são bem diretas e permitem que se interprete o que elas pedem muito rapidamente.

E se você gosta de questões "decoreba" ("memorex" em alguns lugares do país), ou seja, aquelas que são curtas, objetivas e não exigem que você raciocine muito, porque vão pedir apenas que você se **LEMBRE** do conteúdo, a FCC (Fundação Carlos Chagas) será a sua preferida!

As questões da FCC são tão diretas que, em alguns casos, até parece que falta algo no enunciado! Mas há um excelente ponto a mencionar: é o tipo de questão em que você "bate o olho" e tem certeza **SE SABE** ou **SE NÃO SABE!**

Você não vai perder tempo pensando, imaginando ou desenvolvendo uma forma de responder... Na mesma hora você vai sorrir ou desesperar-se! Em ambos os casos, você ganhou tempo!

E tempo não é problema nas provas da FCC! Quase todo mundo que faz provas da FCC sai da sala **ANTES** do prazo máximo estabelecido.

Quanto ao teor de jurisprudência das questões, e isso especificamente nas cadeiras jurídicas, em todas as bancas, tem-se cobrado quase sempre posicionamentos recentes do Supremo Tribunal Federal e dos Tribunais Superiores.

Convém salientar, portanto, que apesar dos diferentes estilos, não existe um que seja mais fácil para todos os candidatos. Você pode até ter um preferido, caro leitor, mas gosto não se discute, cada um tem o seu. E, mesmo que você vá enfrentar um concurso de cujo estilo não goste, lembre-se: aquele que está devidamente preparado poderá facilmente se adaptar a qualquer estilo de questão.

Se você é um "caso mais desesperador", ou seja, tem necessidade imediata de uma remuneração, sugerimos, caro leitor, que você se concentre em concursos com uma quantidade menor de matérias e nos quais há uma maior "leveza" (superficialidade) das questões.

É a "técnica do trampolim" que muitos concurseiros de carteirinha usam com sucesso! Como funciona? É simples: você estuda e passa em um concurso, digamos, de nível médio (área técnica dos tribunais, por exemplo) e, já recebendo a devida remuneração (e, claro, com a vida mais tranquila), parte para estudar para o concurso que realmente deseja, sendo ele difícil ou não, concorrido ou não.

Esses são "concursos-meios", que permitem a geração de recursos financeiros (e estabilidade emocional) para o êxito em um "concurso-fim". Não há nenhuma vergonha em assumir isso para sua "vida de concurseiro", caro leitor. Vergonha existe em não tentar.

Escolher com cuidado extremo e manter o foco sem deixar nada turvar sua determinação é a pedra de toque de qualquer planejamento bem-sucedido. Portanto, caro leitor, como em tudo na vida, o processo de seleção através de concurso público exige fidelidade.

Fala, concurseiro!

Simone, 31 anos, fotógrafa, nos trouxe sua contribuição.

"Sempre começando pelas fáceis e não 'empacando' nas difíceis. E para quem tem tendinite, como eu, preencher o gabarito aos poucos. Pois teve prova em que deixei tudo junto para o final e tremia por causa da dor e do nervosismo."

É também como pensa a Lígia, de Uberlândia, psicóloga de 25 anos de idade.

"Eu, particularmente, me preparo fazendo exercícios das respectivas organizadoras, analisando em que matérias possuo mais facilidade para no dia da prova começar por elas."

Quando não dá mais para adiar

Polícia? Tribunais? Já sei... Auditor da Receita Federal! Se já tomou a decisão sobre seu "alvo", já deu um enorme passo em direção à preparação correta! Mas se você ainda não está se achando capaz de começar esse caminho difícil que o espera, o que fazer?

Muita gente enfrenta, no estudo para concursos, o mesmo problema enfrentado nos regimes alimentares (e disso, pode ter certeza, caro leitor, nós entendemos bem!): aquela terrível sensação de "amanhã eu começo".

Por que deixar para amanhã o começo dos seus estudos? É porque há muita coisa para fazer ou arrumar? Ou é porque o pessoal em casa não está deixando? Ou é porque você está esperando aquela promoção ou aumento? Ou porque tem que estudar outras coisas mais úteis para a sua vida profissional?

Sinceramente, amigo leitor, vai chegar um ponto em que você sentirá necessidade de começar e, na maioria dos casos, você já atingiu esse ponto e não se deu conta.

A decisão de começar é totalmente sua... Mas ela não é, necessariamente, irrevogável. Tem gente que começa, para, começa, dá um tempo, recomeça de novo, dá folga novamente. Tem gente que é assim.

Mas começar é importante!

Quando começar? Quando decidir! Comece quando a decisão de estudar acontecer! Nem mesmo um minutinho mais tarde! Porque se você decidiu, vai fazer, e se vai fazer, que o faça o mais rápido possível!

Há, claro, alguns sinais que demonstram que a hora de começar a estudar chegou e que você não poderá adiar esse início nem um dia sequer, como exemplificado nos casos abaixo.

a) Seu emprego está tomando muito mais do seu tempo do que a sua família e, com isso, prejudicando a sua relação com ela... Ahhh! Sem dúvidas: ter "hora para entrar", mas não ter "hora para sair", a menos que você goste disso, é um claro sinal de que você já deveria estar estudando para sair dessa (e caso você goste disso, é um claro sinal de que você precisa de terapia)! Concursado tem horário a respeitar! E mais: a não ser que trabalhe em banco, **NÃO TEM METAS** a cumprir!

b) A sua empresa já está atrasando salários há algum tempo: outro claríssimo indicador de que você tem que abandonar o barco, mas, claro, para um **BARCO** mais seguro, um daqueles iates luxuosos e garantidos. No serviço público, ainda há (na maioria dos casos) o respeito à folha de pagamento em dia!

c) A família toda é concursada e faz questão de "esfregar" isso na sua cara a cada reunião festiva (festiva para todos, menos para você, não é?). É o tipo de coisa que faz a gente querer estar bem longe dali, ou já estar concursado. E já que não dá para se livrar da família sem criar wcrises, o jeito é estudar mesmo!

d) Você vê todo mundo tirando férias menos você? Já pensou: "O que pode estar errado comigo?" Ahá! É isso! Você já deveria estar concursado!

Se você se vê em algum desses exemplos, não tenha dúvidas: já chegou a hora de você começar a estudar para concursos e dar a volta por cima!

E se você se vê em todos eles, por favor, já está na hora de você **PASSAR** no concurso!

Pois é, amigo leitor, espero ter conseguido, pelo menos, trazer-lhe um pouco do ânimo de que talvez você estivesse precisando. Se não trouxe, paciência... Como foi dito, se você precisa de ânimo, não deveria ler este livro!

Estamos aqui para apontar as suas falhas! Estamos aqui para fazer com que você acorde e perceba que a falta de vontade é culpa sua! E você, só você, ninguém mais, é capaz de acabar com ela!

MÃOS À OBRA! VÁ ESTUDAR!

Fala, concurseiro!

Gislaine Rizzo, 33 anos, de Jacareí/SP, nos traz sua experiência pessoal, explicando o que a motivou a adentrar neste mundo dos concursos.

"Em 2008 estava me preparando para prestar uma segunda faculdade. Descontente com minha carreira profissional e principalmente com meu salário, imaginava que se voltasse a estudar, novas oportunidades apareceriam e talvez eu fosse melhor remunerada. No entanto, depois de um ano na nova universidade, a realidade de mercado me desmotivou novamente. E já com 32 anos o caminho para uma carreira sólida e de sucesso em empresas privadas seria mais difícil. Foi quando decidi saber mais sobre concursos e fiz até um comparativo um pouco surreal: para terminar essa nova faculdade, teria mais 5 anos de estudo duro; nesse período o início de um estágio (pouco remunerado), para tentar ao fim da graduação o início de uma posição mais efetiva dentro de uma empresa para então tentar mais estabilidade e melhor salário. Isso tudo demoraria pelo menos 8 anos. Optando pela vida dura de concurseira, teria pelo menos uns 3 anos de estudo para passar em um concurso – a princípio um concurso mais "fácil" (se é que tem algum assim), com um salário mais mediano, mas que pudesse suprir a continuidade dos estudos e, posteriormente, eu passaria em um concurso melhor – como MPU, ABIN, Fiscal etc., que já de início oferecem ótimos salários,

aliás salários maravilhosos – que na rede privada eu levaria pelo menos uns 10 anos para receber.

Essa comparação básica me estimulou nos estudos pela estabilidade de emprego e pelo salário inicial gratificante. Parece fácil, mas não é. A concorrência é enorme, mas a minha vontade também! Por isso não saio do meu foco por nada – quanto mais focada, mais rápido verei meus amigos para a festa de comemoração do meu primeiro salário público!"

Motivação não se vende em farmácias

Um dos ingredientes mais importantes para quem quer fazer concursos com real chance de êxito é a motivação. Embora contraste com o que estamos dizendo desde o início do livro, amigo leitor, para algumas pessoas, motivação é essencial!

O problema, neste ponto, é encontrar a motivação **CERTA** para o seu caso (se é que você precisa dela). Qual? Onde? Quanto? São muitas perguntas para encontrar a **VERDADEIRA** motivação que lhe ajudará a suportar as infinitas horas de preparação, quase sempre solitárias, que você terá de enfrentar em seu caminho.

Ao longo desses anos como professor, aprendi (eu, Sylvio Motta) com depoimentos de alunos onde eles buscavam esse "elixir" do sucesso.

Certa vez um deles me confidenciou que tinha colado a cópia de um contracheque no espelho do banheiro. Cada vez que pensava em desistir, em parar de estudar para fazer outra coisa, olhava para o contracheque de um auditor da Receita Federal, lavava o rosto e voltava para os estudos.

Outro me disse que lembrava do sorriso dos filhos. Outro que pensava na casa paupérrima em que morava com os pais.

Já eu (João Antonio) não trago histórias tão belas e clássicas como o Mestre Sylvio. Tenho (aqui em Pernambuco) vários casos de mulheres que querem passar no concurso para ganhar mais que seus maridos. Ex-mulheres que querem se tornar chefes dos maridos que as deixaram, maridos traídos que vão fazer de tudo para mostrar o que suas ex-mulheres perderam e, claro, jogar na cara! Tem de tudo...

Existem, claro, aqueles que lembram das angústias causadas pela ameaça de desemprego que sofrem, o tempo todo, na iniciativa privada. Há também outros que, de repente, se perceberam precocemente envelhecidos para o mercado de trabalho, mas que sabem que ainda têm muito a oferecer antes de se darem por vencidos.

Ahhh! E aquela legião de decepcionados com a profissão que escolheram (geralmente mais por questões de ordem financeira do que vocacional)?

Até a **INVEJA**, caro leitor, o mais execrável dos sentimentos, pode ser combustível para a sua aprovação! Seria uma "inveja positiva", daquelas assim: "poxa, fulano trocou de carro novamente", ou "nossa, fulaninha está de férias, vai passar 1 mês na Europa".

E então, caro leitor, você se viu em algum caso? Ou você tem outra motivação? Ou sua disciplina é tanta que a motivação em si é apenas um "adereço" de que você não precisa?

Não importa seu perfil, meu amigo. Se a motivação é necessária para você, ela é fundamental para a sua aprovação. Não importa também **QUAL** a sua motivação: "bonita" ou "feia" aos olhos dos outros, a **SUA** motivação é **SEU** combustível! Só você entende! E, sinceramente, não é necessário que mais ninguém entenda!

O problema pois, não é encontrá-la! Mas mantê-la acesa, ardendo e pulsando dentro de você. Não deixe esse fogo apagar! **USE** a sua motivação! Queime-a! Transforme-a numa fogueira que moverá seus motores com mais vigor! Mesmo que soprem os ventos do cansaço ou que alguns "amigos" tentem jogar baldes de água fria no seu projeto de vida, continue com disciplina, dedicação e, claro, **FOGO**!

Anime-se, erga a cabeça e avante!

Porque a luta é árdua mas a vitória é certa!

Ah! E só para não perder o costume: **VÁ ESTUDAR!**

Fala, concurseiro!

A Maura Passamani, contadora do Espírito Santo, nos ajuda ao mostrar sua experiência com a desmotivação que teima, diariamente, em acometer todo concurseiro e como se livrar dela!

"Bom, na verdade, são vários os motivos para passar em um concurso: qualidade de vida, um bom salário, estabilidade, a autoestima, mas não é um caminho fácil, temos que ter muita persistência, muita dedicação. Isso cansa porque o resultado não é rápido; no entanto, quando me encontro desanimada (isso acontece sempre após um resultado negativo de uma prova), penso no que pode vir depois, quando o resultado tão esperado chegar e eu conseguir realizar meu sonho... Ai, que alívio. Isso então me motiva novamente e sigo em frente."

2

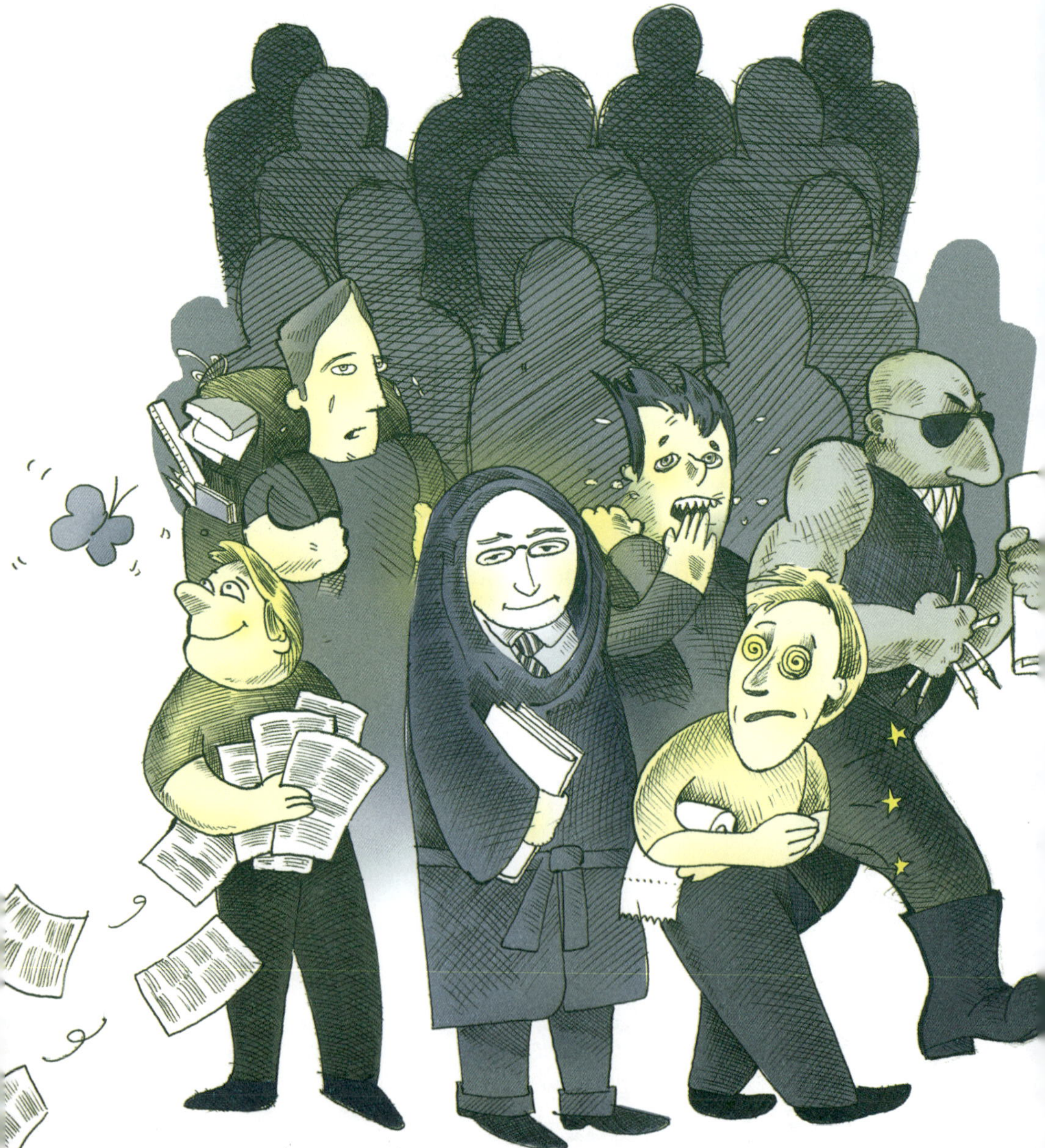

Capítulo 2
O candidato

O candidato ideal

Estou convencido de que aquele que deseja se tornar servidor público (e isso inclui você, caríssimo leitor) deve possuir (ou adquirir) algumas qualidades.

Em primeiro lugar, você deve ser capaz de se concentrar plenamente (100%) nos estudos. Sem isso, todo o resto fica seriamente comprometido. Você consegue?

Em segundo lugar, você deve amar (ou, no mínimo, suportar) a **rotina** do treinamento diário, conforme a disponibilidade de tempo. Pessoas superativas ou hiperativas tendem à dispersão e à consequente quebra da constância nos estudos.

Em terceiro lugar, você deve ser extremamente organizado, do tipo metódico mesmo. Dividir o conteúdo programático, agrupar matérias afins para serem estudadas no mesmo dia, definir metas diárias, organizar o material de estudo, fazer fichas com resumos das disciplinas etc. Vai por mim: isso vai diminuir consideravelmente o trabalho que você terá nessa sua vida de concurseiro!

Assiduidade (não faltar) e pontualidade (respeitar o horário determinado), seja no estudo em casa e/ou no curso preparatório, constituem a quarta qualidade que se espera de você, caso você se considere um candidato sério.

O cultivo do autocontrole emocional também constitui um quase dever do candidato. Sem isso, na hora do combate, todo o esforço intelectual pode ser perdido.

Já imaginou ter um "piripaque" na hora da prova? Ter acessos sucessivos e contínuos de diarreia no meio do concurso? Não dá... É o emocional que leva a isso! Desde o famoso "branco" na hora de responder uma questão ao desesperador "cenário de rei" (o tempo todo no trono), tudo isso é causado pelo descontrole emocional!

Obs.: claro que a diarreia poderá ser causada, também, por qualquer besteira que você coma antes da prova (até mesmo no dia anterior), mas o **EMOCIONAL** descontrolado pode piorar tudo! Então, **CUIDADO**! Cuidado com o emocional e cuidado com o que come por aí!

Outra sugestão interessante vem da sabedoria popular: "Quem ensina, aprende duas vezes!" Portanto, mãos à obra, leitor-mestre. Participe de grupos de estudo! Quer sejam presenciais, quer virtuais, faça bom uso! Mate suas dúvidas chacinando as dúvidas dos outros! É simplesmente fantástico!

Mas, caro leitor, a sétima virtude do guerreiro que pretende enfrentar a maratona dos concursos é a **CONFIANÇA INABALÁVEL** de que o sucesso virá no momento certo! Saiba disso! Nunca se esqueça disso! Afinal, quando o trabalhador está pronto, o trabalho se faz presente.

Pronto! Só falta, agora, que você busque cultivar algumas dessas virtudes para que o resultado apareça: o processo de preparação se tornará bem mais rápido.

Fala, concurseiro!

Matheus Menegazzo Linassi, 24 anos, estudante de Direito, nos traz suas experiências bem-sucedidas sobre a utilização de estudo em grupo, mesmo que não presencial.

"Participo de um grupo de estudos pela Internet, onde várias pessoas se reúnem e criam BQs (Bancos de Questões). É escolhida uma matéria, delimitada, e cada integrante faz várias questões (20, 30, depende). Depois disso, todas as questões são reunidas e redistribuídas a quem colaborou. Dessa forma, revemos conteúdos e discutimos erros em fórum."

Concurso público: ordem ou caos?

As considerações descritas neste tópico, caro leitor, acerca dos concurseiros, são fruto de vasta experiência em sala de aula no mundo dos cursinhos preparatórios para concurso público!

Trata-se mais de um desabafo, de uma conversa de amigos do que propriamente de um estudo acadêmico. Entenda-o como o resultado de inúmeras confissões e observações de alunos, e não como uma estatística precisa de caráter matemático!

Portanto, esteja ciente de que este texto não deve ser encarado como uma prece ou um roteiro mágico, ele apenas traduz o resultado de quase vinte anos de observações em incontáveis salas de aula, de dezenas de cursinhos espalhados pelo país e diante de milhares e milhares de ex-candidatos.

Toda vez que iniciamos uma nova turma, percebemos a existência de dois grandes grupos de alunos. Para evitar estereótipos, vamos chamá-los apenas de **Caos** e **Ordem**.

Perceba, caro leitor, que um bom professor (daqueles que tem renome e conhece o magistério há muito tempo) consegue, já nas primeiras aulas, estabelecer quase um mapa completo da sala de aula, identificando quais alunos pertencem a qual grupo.

Os alunos que pertencem ao Caos têm características muito especiais. Geralmente não sabem ou ainda não entenderam o que significa fazer concurso público e, em razão disso, acabam cometendo erros primários que apenas retardam o sucesso ou, pior, estimulam-nos a desistir dos concursos.

São justamente os alunos do Caos, que vão nos dar (aos professores) mais trabalho. Primeiro porque não conseguem estabelecer com precisão uma estratégia segura para a sua aprovação, principalmente porque se esquecem dos três pontos essenciais para qualquer estratégia de batalha (sim, **É UMA GUERRA!**):

a) conhecer bem o inimigo;

b) defender um ponto de retirada;

c) ter consciência do que têm a perder quando não obtiverem a vitória naquela batalha.

Conhecendo o inimigo

Os alunos do Caos formam um grupo imaturo de "recrutas". Esse grupo acredita sinceramente que está lutando contra a banca examinadora, ou contra o colega que está sentado ao seu lado na sala de aula, ou contra Deus, ou contra seus familiares. Atribuindo, sempre, suas derrotas a outro qualquer (que não seja ele mesmo) e, portanto, isso os torna incapazes de reconhecer o óbvio.

Se você se vê nesse grupo, caro leitor, olhe para o seu próprio umbigo! "Antes de tirar o cisco do olho do outro, tire a **TRAVE** que está no seu olho".

Por outro lado, o pessoal que integra a Ordem conhece bem o seu inimigo. Eles sabem que, se forem capazes de vencer a si mesmos, **NADA** os deterá. Estão sempre buscando conhecer melhor a si mesmos, descobrir seus pontos fracos e fortalecê-los é quase uma obsessão. Já entendem a importância de compartilhar o conhecimento, da necessidade da formação de um grupo de estudos, que a melhor maneira de aprender é ensinar (já vimos isso, certo?).

Se você é "chegado" na Ordem, treine seu modo de pensar e armazenar conhecimento com bastante disciplina! Para tanto, você se submeterá a um processo rigoroso de adestramento que lhe dará uma confiança muito grande. Maior que essa confiança, caro leitor, só deverá ser a sua serenidade: a mesma humilde serenidade de quem sabe que **NADA SABE**!

Isso porque quem **ACHA QUE SABE**, não se preocupa em evoluir! Quem tem em mente que **NÃO SABE** o suficiente, é humilde o bastante para continuar seu processo de aprendizado!

Defendendo um ponto de retirada

Se não é possível escolher o campo de batalha (o que seria ideal), pelo menos você deve conhecê-lo bem!

Você deve estabelecer posições e sempre dispor de um plano de retirada se tudo der errado. Sem esse ponto de recuo possível, ainda que remoto, sua segurança fica abalada.

Discipline-se! É justamente a disciplina que mantém o equilíbrio necessário entre as suas inteligências racional e emocional durante a prova (e mesmo antes e depois dela)!

Motivação, otimismo responsável e empenho pessoal formam uma trincheira segura em qualquer campo de batalha! Especialmente no campo dos concursos públicos.

Os soldados da Ordem não negligenciam esse ponto e tomam providências para evitar surpresas desagradáveis na hora da prova. Tais providências vão desde sede (leve água), passando pela falta de tempo para preencher o cartão de respostas (não espere para preencher todo o cartão no final da prova) e vão até o uso de repelente contra mosquitos (ou contra coisa pior).

Tudo deve ser pensado por você! Você deve se cobrir de recursos que impeçam que qualquer coisa que os outros pensem (ou façam) seja capaz de atingi-lo.

Portanto, se quiser levar uma almofada para evitar a cadeira desconfortável durante horas a fio, não pense duas vezes! **FAÇA**! Se não o fizer, poderá se arrepender (e ficará com a bunda doendo). Prepare-se para imprevistos, afinal de contas todo acidente é evitável.

É para chegar até 1 hora antes do horário descrito no cartão do candidato? Por que você não se prepara para chegar lá 2 horas antes? Sabe-se lá como está o trânsito!

Quanto ao "ponto de recuo", este é emocional. Você deve cultivá-lo por meio da meditação e/ou da oração. Sem brincadeira! Se você conseguir estabelecer um local interior para onde possa "se retirar", você terá descoberto uma maravilhosa ferramenta em seu favor!

Lembre-se que no local da prova predominam energias "carregadas", afinal, o pessoal do Caos é muito mais numeroso do que os contingentes da Ordem. Se você conseguir, mesmo na hora da prova, retirar-se para o seu "paraíso mental" particular, apenas para recarregar as energias, por alguns minutos, você vai voltar reenergizado.

O QUE SE TEM A PERDER COM A DERROTA

O pessoal do Caos acredita que, se não obteve sucesso imediato no concurso, apenas perdeu o dinheiro que gastou nos cursos e no material didático. Eles são incapazes de ver além.

Os concurseiros da Ordem sabem que perderam um patrimônio muito mais precioso: o tempo. O tempo não volta, não se recompõe, apenas se esvai. Atingir o êxito no menor tempo possível é um desafio muito grande, mas não impossível. No final tudo é uma questão de disciplina.

Os partidários da Ordem, diante de uma derrota não sentem vergonha! Ao contrário, sabem que fizeram o melhor que podiam fazer naquele dia e voltam para casa com um estranho sorriso nos lábios (com o coração calmo e com a consciência do dever cumprido). Aprendem com a derrota para, em outra oportunidade, cometer novos (e poucos) e não velhos (e muitos) erros.

O fracasso deve ser visto apenas como um estímulo para continuar tentando e tentando. Afinal, se você, verdadeiramente, pertence à Ordem não se enche de soberba com sucesso nem se humilha ou se deprime com o fracasso, porque você sabe que está no caminho certo!

E aí, leitor, você é **ORDEM** ou é **CAOS**?

E mais: você **QUER** ser **ORDEM** ou **CAOS**?

Boa sorte na sua decisão!

O CANDIDATO *ON-LINE*

Ok, ok... Já está estudando, não é? Mas como você está estudando? Comprou uma pilha de livros dos mais famosos (e manjados) professores/autores do "mundo dos concursos"? Ou está fazendo aquele cursinho preparatório "arretado" na sua cidade? Em tempo: "arretado" vem de "muito bom", "excepcional", e não de "zangado" ou "aborrecido". E aí? Esqueceu-se do resto do mundo?

Hoje em dia, caro leitor, o candidato tem que estar muito mais "antenado" do que antes. Os "CDFs" (aqueles hiperestudiosos) se enfurnavam entre livros técnicos de linguagem absurdamente complicada e ficavam conhecendo um mundo de coisas que, às custas da morte de alguns pobres neurônios, por excesso de uso, lhes fariam acertar algumas questões a mais que os meros mortais que não estudavam tanto. Hoje essa imagem do CDF não vale mais!

O candidato tem que estar on-line! Tem que se atualizar diariamente com notícias, blogs, artigos de professores. Tem que estar em comunidades, como fóruns de discussão, tem que se comunicar pelo Twitter e pelo Orkut com outros concurseiros etc.

Note bem: a recomendação não é ficar **ENFURNADO** nem nos livros, nem na Internet! Não se pode perder tempo de estudo. Use a Internet como meio para se informar, para saber quando os editais vão sair, ou quando os concursos foram autorizados. Também para saber que matérias caem e que matérias não vão cair. Isso é importante! Muitas fontes confiáveis colocam informações em sites diariamente, permitindo que você conheça novas informações e, com isso, ajuste seu cronograma de estudos.

Informar-se na Internet não é perder tempo! Muitas vezes, quando bem utilizado, significa **GANHAR TEMPO**!

Também há muita fonte de conteúdo na Internet! Aulas em vídeo, em áudio ou apenas texto. Muito conteúdo que está lá, esperando que você o encontre! Alguns deles, é verdade, são muito caros (mais caros que excelentes livros). Outros, porém, são muito acessíveis! E você só não os está utilizando porque... porque... não sabia que eles estavam lá! Olha só que desperdício!

Fique atento, leitor! Use a Internet a seu favor! Conheça os "points" dos concurseiros on-line! Faça amigos! Troque ideias! Conheça novos, e até então desconhecidos, professores. Alguns deles até desbancam professores já "consolidados" no mercado! Existem muitas boas surpresas na Internet! Assista às aulas on-line! Baixe conteúdo em seu computador! Torne-o útil na sua estrada rumo à aprovação!

E pode ter certeza de uma coisa: mesmo que você não o faça, mesmo que você não acredite no poder da Internet na sua vida de concurseiro, **TEM GENTE QUE ACREDITA** e que neste momento está usando a Internet para estudar e ficar mais preparado! E esses aí são seus concorrentes! **VAI FICAR DE FORA**?

"Ficar de fora" da Internet pode significar "ficar de fora" das vagas!

> **Fala, concurseiro!**
>
> *Fábio Luiz de Oliveira Santos, de Curitiba, professor de educação física, compartilha conosco sua opinião sobre o estudo via Internet.*
>
> *"Não há como negar a importância desta ferramenta tecnológica que é a Internet, especialmente o site Eu Vou Passar (www.euvoupassar.com.br). Também busco elucidar dúvidas em fóruns de discussão que facilmente são encontrados na grande rede."*

Pokémon para concursos

Talvez você ache estranho, caro leitor, o título deste tópico, mas foi justamente para criar esta curiosidade que eu o escrevi assim. Em parte porque gosto muito (eu, João Antonio) do desenho Pokémon, em parte porque, numa brincadeira que fiz com o Sylvio Motta, no Rio, há alguns anos, eu mencionei esse título enquanto ele tentava, sem sucesso, segurar as lágrimas e gargalhadas.

Conhecem o desenho Pokémon? Nele, um garoto chamado Ash sai pelo mundo (um enorme mapa com inúmeras cidades) coletando "criaturas" chamadas pokémon (pocket monsters, ou monstros de bolso). O desenho é baseado em um jogo de videogame lançado no início da década de 1990.

Um treinador pokémon é uma pessoa que coleciona e treina os pokémon, de acordo com suas habilidades (fogo, água, grama, pedra, voador, fantasma, psíquico, entre outros), para que possam evoluir, tornando-se mais fortes e ganhando novos e mais poderosos golpes.

Cada treinador pokémon pode carregar até 6 (seis) pokémon consigo (essa "regra" vem do jogo de videogame) em dispositivos chamados pokébolas (mais ou menos do tamanho de bolas de tênis).

Os pokémons são treinados e evoluem para participar de batalhas com outros treinadores. Quando as batalhas não são "oficiais" (por exemplo, entre treinadores que se encontram no meio do caminho e resolvem iniciar uma "pelada", um "jogo amistoso"), elas servem apenas para dar mais experiência ao treinador e aos pokémons. Quando as batalhas são oficiais (em ginásios centrais em várias cidades), as batalhas valem prêmios (insígnias, medalhas) que dão respaldo ao treinador perante a comunidade "pokémônica".

Então você diz: "E eu com isso, João? Que viagem!" Ahá, meu impaciente amigo! É agora que começaremos as comparações com o mundo dos concursos, com o qual você tanto está habituado a lidar!

Assim como um treinador pokémon, um concurseiro tem que coletar conhecimento por meio das diversas matérias que terá de estudar (os pokémons). A cada estudo, ou sessão de exercícios (utilização do pokémon-matéria), ela evolui em você, ou seja, você vai tornando-a mais "domesticada" para você!

Algumas matérias são como o Pikachu (pokémon elétrico preferido do Ash), que no início era arredio e selvagem, mas que com o tempo passou a acompanhar o protagonista com lealdade extrema. Assim serão as matérias que você começa desdenhando. Aquelas matérias de que você menos gosta serão, no futuro, aquelas que você mais dominará, se usá-las em um maior número de batalhas (ou seja, se fizer mais exercícios e estudá-las mais).

Além disso, enquanto se prepara estudando para um determinado concurso, para conhecer novas matérias, não é sugerido que você tente abraçar um número muito grande delas de uma única vez. Assim como o treinador que pode possuir uma coleção ENORME de pokémons (são mais de 300 bichinhos), mas só pode carregar 6 simultaneamente. São os 6 que ele escolheu para treinar, carregar, evoluir e usar em batalhas. Escolha, portanto, as matérias que você estudará concomitantemente. Faça planejamentos de estudos com um número pequeno de matérias, para poder assimilá-las melhor.

Eventualmente, claro, qualquer treinador poderá (e deverá) trocar de pokémons, devido às características deles. Por exemplo, um treinador que gosta de lutar com prokémons do tipo pedra (rocha), deverá mudar seus pokémons antes de enfrentar uma luta contra um treinador de pokémons do tipo água (água é muito forte contra rocha).

Portanto, não se esqueça: mantenha seus pokémon reserva também muito evoluídos (eles só evoluem se você os utilizar).

(Particularmente era isso que tornava o jogo chato e cansativo: ter que ir e vir ao "Centro Pokémon", uma espécie de "clínica veterinária" e fazer o download dos meus pokémons reserva, que ficam "esperando" dentro do meu computador em casa. No jogo, leitor, no jogo!)

Que lição se tira disso? Apesar de haver matérias das quais você gosta mais, em detrimento de outras, que você estuda pouco, mantenha-se versátil, ou seja, estude todas elas! Porque o concurso pode ou não pedir aquelas lá menos estudadas, e quando o edital sair, você só precisará evoluir um pouco mais os seus pokémons!

Começar a estudar uma matéria do **ZERO** é como começar a lutar contra um pokémon nível 1 (o primeiro nível de experiência). Ele apanhará muito até conseguir alguns níveis a mais e tornar-se forte o suficiente para ser considerado um recurso útil!

Comece o quanto antes! Quando o edital sair (o anúncio da **BATALHA DO GINÁSIO**), será necessário apenas fazer exercícios (evoluir um pouco mais o seu pokémon) e pronto!

Caro leitor, desculpe por essa baboseira toda. Este tópico foi só para provar que essa mania de "Qualquer coisa **PARA CONCURSOS**" é balela. E não ajuda em nada. Logo, logo, virão enxurradas de "Feng Shui **PARA CONCURSOS**", "Apocalipse **PARA CONCURSOS**", "Matrix **PARA CONCURSOS**" e o mais atual e colorido "Avatar **PARA CONCURSOS**" ("Eu vejo Você", e Vejo o Edital)... O que isso o fez perceber? O que esse tópico pequeno (mas muito custoso, porque o fez sair dos seus estudos) ensinou?

Você **NÃO** precisa ver "concurso" em toda obra literária da humanidade e, muito menos, lê-las!

Se alguém escreve alguma idiotice do tipo "Missão Apollo 11 aplicada **AO CONCURSO**", é uma coisa: ele investiu o tempo dele (para ver se vendia o "peixe"!), mas se você parar de estudar para ler isso, **É VOCÊ QUEM ESTÁ PERDENDO O SEU TEMPO**! Acorda!

Até porque, meu amigo leitor, vamos pensar: na época de Adão e Eva tinha concurso? Neo teve de enfrentar provas objetivas de C e E do Cespe para poder ser desconectado daqueles fios que o mantinham preso à Matrix? Por acaso São João Evangelista teve visões de milhares de candidatos sentados lado a lado escrevendo em silêncio sepulcral? Será que aquele "número na fronte" seria o número de inscrição? Sinceramente...

Eu, particularmente, gosto muito de pokémon mesmo! É um desenho divertido para mim, que sou viciado em videogames também. Mas, mesmo como bom entendedor das duas matérias (pokémon e concursos), eu não acho que elas se misturam. Na verdade, **CONCURSOS** não pode se misturar com mais nenhum outro tema, sob pena de perda de um tempo precioso para estudar...

Se vai ler "_____ para Concursos", preencha a lacuna com uma (ou mais) das opções a seguir: Português, Informática, Raciocínio Lógico, Direito Constitucional, Direito Administrativo, Contabilidade, Direito Penal, Inglês, Regimento Interno etc.

Sacou?

Fala, concurseiro!

Eis um depoimento intrigante, bem-humorado e bastante oportuno! André, 33 anos, trabalhador autônomo, de Dourados. Muito obrigado, André!

"Bem, não sei se tudo é uma besteira. Existem inúmeros adeptos que seguem uns tais 'gurus dos concursos', citados como referência para lermos antes de nos aventurarmos por qualquer caminho de estudo propriamente dito. Com tantos elogios, é difícil deixar passar a oportunidade, claro, de ler os livros dessas tais 'divindades' e não há como desmerecer algumas dicas interessantes de organização que eles trazem.

Perdoem-me os fãs clubes desses autores/equilibristas/idealizadores do moonwalker sobre as águas, entre muitas outras habilidades as quais Chuck Norris e Magaiver nem sonham possuir.

A reação que tive a esse tipo de texto foi diferente. Juro que lutei, mas não consegui afastar deles o oportunismo MAIOR calcado no desespero alheio. Como esses caras são safos. Veja, qualquer pessoa que se encontra em uma situação sensível na sua vida torna-se presa fácil desses engodos de autoajuda.

Assisti a uma palestra de um deles uma vez. "Deus-u-livre!" O cara fez todo mundo atender a seus comandos, e aos poucos a massa estava hipnotizada e feliz.

Diante dessas coisas, rapidamente recordo-me do livro 1984 (George Orwell): "O grande irmão zela por ti". A re-

tórica em ambos os casos é muito bem utilizada para persuadir os aflitos. Pronto, falei. Não duvido nada que as sete pragas do Egito cairão sobre a minha cabeça!"

CONVERSE COM A CRIANÇA QUE EXISTE DENTRO DE VOCÊ

Conheço muitos casos de pessoas que, quando sentam para estudar, começam a sentir fome, sono, dor de barriga e muitas outras coisas. Ah! Está rindo, não é? Viu a si mesmo na descrição, certo?

Na verdade, esse comportamento dispersivo tem origem na infância e é resultado de uma visão negativa do ato de "sentar para estudar". Em alguns casos isso evolui de tal forma que se torna um trauma complexo.

Lembra-se de quando a sua mãe o colocava em frente ao livro e exigia: "Quero você 'afiado' neste assunto até o meio-dia! Vou 'tomar o ponto' com uma 'sabatina'!"?

Pois é, essa criança ainda habita a sua mente (e ela só atrapalha seus estudos). Repare que, muitas vezes, você resiste ao estudo, inventa problemas, cria complicações, dorme... Acionando aquele mesmo mecanismo de defesa para se livrar da obrigação "chata" de estudar.

Portanto, para resolver isso, converse com a criança que existe dentro de você. Explique que se você passar no concurso vai poder comprar um monte de brinquedos legais como um carro novo, uma casa nova, um *jet-ski*, um arco e flecha, uma arma de ar comprimido daquelas de *paintball*, um Playstation 3, um "mega-ultra-hipercomputador" de última geração, roupas transadas etc.

Faça como eu fiz: entre em um acordo com ela para estudar! Depois disso, tudo vai ficar mais fácil: a sua concentração vai atingir níveis muito mais altos porque seus "sintomas" antiestudo provavelmente não vão mais atrapalhá-lo!

Portanto: **VÁ JÁ ESTUDAR, MENINO!**

"Quando orar, mexa os pés." (Provérbio Hindu)

Fala, concurseiro!

Helena Cristina, 23 anos, conta como lidar com sua criança interior.

"Essa parte é bem complicada. A minha criança interna é comilona e tem déficit de atenção. Por isso eu sempre deixo uma garrafa de água do meu lado e também algo para beliscar, assim não sinto vontade de ficar me levantando da cadeira toda hora."

SEM PSICOGRAFIA, E COM MUITO ESTUDO

Não sei se estou certo, mas ultimamente venho percebendo uma ansiedade fora dos padrões em todo mundo: as pessoas querem tudo agora, tudo instantâneo.

Tudo é urgente, para ontem, de preferência. Todo mundo quer colher, mas ninguém quer semear. A busca por atalhos virou uma obsessão cotidiana. Como se esses atalhos realmente existissem.

Outro dia mesmo conversei com um aluno que fez a prova para o Banco Central e, segundo ele, não foi bem. Em vez de avaliar onde e o que errou, ele veio me procurar perguntando quais as matérias que poderia "aproveitar" para o concurso do Ministério Público da União que já se aproxima.

Durante a conversa, descobri que ele já faz concursos há mais de dez anos sem, no entanto, alcançar êxito em nenhum.

À medida que o papo foi avançando, percebi que se tratava de um caso clássico de falta de constância nos estudos. Nesses casos, o estudante fica pulando de galho em galho de acordo com as oportunidades que vão aparecendo, desenvolvendo uma visão completamente fragmentada e, portanto, deturpada, do processo de amadurecimento do aprendizado. Na verdade tudo fica meio verde na cabeça do aluno.

A pressa de passar é tão grande que se esquecem que **sem semeadura não há colheita**. Chego mesmo a pensar que alunos assim acreditam que na hora da prova irão psicografar as questões, acertando todas graças à ação benevolente de professores desencarnados. Imagine a cena: o cara sentando fazendo prova e uma fila de espíritos esperando para "baixar" no mediúnico candidato e responder corretamente as questões sobre suas respectivas matérias ("venha, Machado de Assis; venha, *Mizifío*").

Sem essa explicação não dá para entender como alguém espera passar em um concurso sem antes estudar muito.

Outro caso interessante aconteceu em Recife, nos últimos dias de outubro de 2005, pouco depois de o edital da Receita Federal, para Auditor Fiscal, daquele ano, ter sido publicado.

Uma aluna simplesmente me pediu (eu, João Antonio, estava na recepção do curso onde ministro aulas) para se matricular em Contabilidade Básica (Geral) em uma turma à tarde e em Contabilidade Avançada em uma turma à noite, **SIMULTANEAMENTE**!

Eu não tive dúvidas (nem pudor) e "soltei": "Vá para casa, não vai adiantar! Auditor da Receita é uma das mais concorridas (e difíceis) provas do país e você vai começar a estudar **AGORA**?!" Ela não gostou da resposta e exigiu ser matriculada! Dois meses depois, estaria ela, **NÃO GOSTANDO** da prova!

Ela simplesmente nunca tinha estudado para concursos! Essa lição daria a ela dois caminhos: aprender com o erro e continuar estudando (se ela for da "Ordem") ou desistir de fazer outro concurso (o "Caos").

Sinceramente, eu enxerguei **CAOS** na testa dela quando ela me propôs isso!

Tem que estudar muito! Tem que estudar **BEM**! Tem que estudar **DE VERDADE**! E para que isso aconteça você tem que começar. E começar é complicado. Complicado porque vai exigir fidelidade, você vai ter que escolher uma área e ser fiel à sua escolha.

"Quer dizer que eu não vou poder enfrentar outras provas que não sejam **AQUELA QUE EU QUERO?**" Não! Você vai enfrentar **MUITAS PROVAS** ao longo do caminho que escolheu, nobre leitor...

Primeiro vem a prova da humildade: "Ah, professor, eu sou contador, portanto não preciso assistir às aulas de contabilidade, não é?" Se você pensa assim, caro leitor, mude de RUMO! Só estará estudando realmente quando se entregar completamente à ideia de que você **NÃO SABE NADA**!

Depois vem a prova da disciplina, seguida por uma necessária **SURDEZ** (para não ouvir todas as vozes que exigem ou convidam você a desistir).

A próxima prova é a da resistência (vai ser cansativo, sim). Depois a da perseverança (vai ser uma rotina chata, vai encher o saco). Então vem a da superação (mesmo depois de derrotas no caminho, você ultrapassará seus limites racionais e emocionais).

Quando, finalmente, chegar o dia da prova do concurso, você já passou por tantas que fica fácil ser aprovado.

> **FALA, CONCURSEIRO!**
>
> *Henry, 51 anos, São Paulo, nos conta como lida com as "derrotas" (alguns chamam de "fracassos") em concursos.*
>
> *Sinceramente, não penso em fracassos. Já perdi várias partidas de tênis de mesa cujo resultado negativo foi o que me fez voltar com mais vontade aos treinos. É mais um caso de motivação.*
>
> *Um caso pontual em termos de concursos foi ter ido mal em direito constitucional na prova do ATA (técnico da fazenda). A partir daquela prova, prometi melhorar o meu desempenho na matéria.*

O CANDIDATO MITOLÓGICO

Todo candidato possui um caráter ambivalente, que durante o processo preparatório para um concurso, se manifesta de forma mais ou menos intensa. Ou seja, cada candidato possui, dentro de si, duas possíveis personalidades contraditórias que tentam controlar o indivíduo à sua maneira.

Uma delas, a mais forte naquele candidato, irá se sobressair à outra. O segredo reside em perceber essas características natas e utilizá-las a seu favor. Em outras palavras, não lute contra a sua natureza de personalidade. Entenda-a e faça dela uma arma a seu favor!

Vamos começar pelo "logos" com toda a racionalidade que lhe é peculiar. **Logos** é a palavra que deu origem à Lógica. O candidato de perfil logos é racional e consequente. Quase sempre foi ele o responsável pela sua decisão de prestar concursos públicos – ele sabe o que quer.

Ele também pondera suas chances, elabora estratégias, define cronogramas. O logos ama a rotina e odeia contratempos. Para ele tudo tem início, meio e fim. Necessariamente nesta ordem! Funciona também como uma espécie de freio procurando evitar que você se jogue em aventuras que ele entende desnecessárias ou pura perda de tempo.

É uma verdadeira âncora racional que prende você à Terra, uma bússola que segue à risca, apontando o Norte que julga certo. Pobre de quem disser o contrário! O logos não sai de casa sem documentos, chaves e dinheiro extra para alguma eventualidade. Sempre sabe para onde vai, quanto tempo vai demorar, se vai chover e o que vai fazer. Detesta mudanças de roteiros de última hora.

Já levanta, pela manhã, com todo o seu dia planejado. Se não está na agenda simplesmente não vai acontecer. Ele é burocrático, metódico e naturalmente contido. Ah, também ama rituais, e é capaz de desenvolver várias liturgias, por exemplo, para verificar se está tudo em ordem antes de sair de casa. Tudo sempre com uma base racional para, no caso, evitar acidentes durante sua ausência.

Acabei de me lembrar de uma cena de um filme do Mr. Bean onde ele se preparava para prestar um exame e trazia pelo menos uma dúzia de lápis perfeitamente apontados que foram simetricamente dispostos em cima da mesa juntamente com canetas e borrachas.

Já o **Mithos** é aquela personalidade mais intuitiva que não mede os riscos tanto assim. É pura emoção e espontaneidade. Nele reside a criatividade e a fé. Não raro, é detentor de uma autoconfiança ímpar e sempre é capaz de ousar. Faz "ouvido de mercador" quando alguém tenta demovê-lo de algum projeto pessoal. Ele nem sabe por que vai, apenas vai e pronto.

Concentra-se naquilo que lhe interessa e, ao mesmo tempo é capaz de demonstrar indiferença mordaz por aquilo que não considera necessário. Com frequência, se atira em projetos que se afiguram de sucesso improvável para muitos, pois é movido pela paixão pelo desafio.

Embora tenha um apego à tradição consegue se adaptar com facilidade às novidades, sobretudo, às novas tecnologias.

Para se obter sucesso em concursos públicos são necessárias parcelas dos dois. A junção do "logos" com o "mithos" forma o candidato ideal: o candidato mitológico.

3

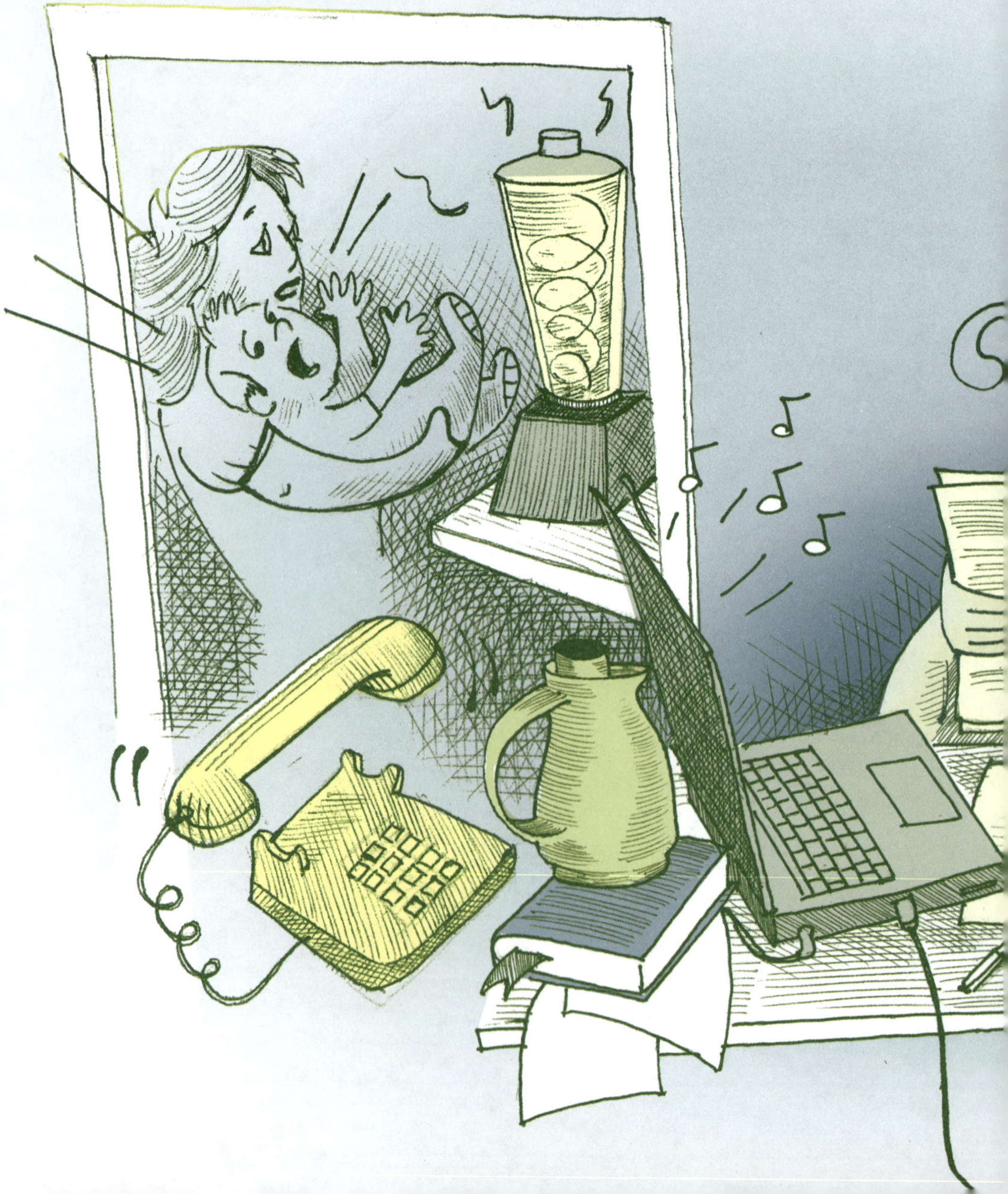

Capítulo 3
A preparação

As falhas das técnicas infalíveis

Sabe aquela dica que você leu em um livro de "dicas infalíveis"? Pois é, ela pode não funcionar com você!

"Mas, João, são infalíveis!" Sim, para quem as escreve! Eles ganham muito com títulos do tipo **"DICAS E MACETES PARA PASSAR"**, **"TÉCNICAS INFALÍVEIS"** e coisas afins. Esses títulos, usados em muitos livros de "autoajuda" para concursos, nunca falham - para os seus autores!

É preciso também separar os livros que trazem técnicas reais que, muitas vezes, são um apanhado de procedimentos que outros concurseiros já usaram e que funcionaram para eles (ou eles acham que funcionaram) daqueles livros de autoajuda, que trazem textos contemplativos vazios e sem utilidade para a prova.

Entenda que o cerne da autoajuda para concursos (e mesmo da autoajuda em um sentido mais amplo) é simples: ajudar a si mesmo. Entenda também que parece um pouco contraditório se você quer buscar ajudar a si mesmo lendo outro alguém... Deixa de ser autoajuda e passa a ser "alterajuda" (ajudar o outro).

Na minha opinião, se você busca em um autor a ajuda para seus problemas motivacionais, espirituais ou de concentração, isso realmente **NÃO É AUTOAJUDA**... A menos que você veja sob a ótica dele (do autor). Ele escreve, o livro vende, e ele enche o bolso de dinheiro. Ele está **SE AJUDANDO** - isso é autoajuda (Deus, meu Pai... sei que vou me arrepender de ter escrito isso!).

Mas vamos lá, sem radicalismos... Temos que saber separar o joio do trigo. Livros de autoajuda são, na minha humilde opinião, perda de tempo. Afinal, quer "ajudar a si mesmo" a passar na prova? **ESTUDE**! Isso, sim, é o que você poderá fazer de melhor em termos de autoajuda!

Livros que trazem técnicas de estudo (desde as luzes do ambiente até a criação de um calendário de estudo esquematizado) são válidos, desde que sejam objetivos. Afinal, de que adianta mesclar técnicas práticas interessantes com páginas e páginas de "blablablá" motivacional, se isso fará o livro ficar enorme e o fará perder tempo importante de estudo?

Mesmo se o livro em questão for objetivo e trouxer apenas técnicas que o autor julgou boas para si, elas **PODEM NÃO FUNCIONAR** para você. Sabe por quê?

Você não é o autor, caso não tenha percebido! E você pode ser muito diferente dele, tanto na forma como se senta na cadeira como na forma como morde o canudo (é, eu sei, isso não tem nada a ver). O que funcionou para ele pode não ser o ideal para você!

A realidade **DELE** (autor) era diferente da sua. Quando ele compilou as técnicas no livro, **ELE JÁ ERA AUTOR** e, você, que tanto vai precisar delas, **AINDA É CANDIDATO**!

As técnicas que o querido autor apresenta podem, simplesmente, ser fruto de um "apanhado" que ele fez entre seus alunos/colegas. Portanto, elas podem, na verdade, nem mesmo terem sido usadas por ele! Ou seja, são técnicas sem o mínimo respaldo.

Sabe a quem você recorre para desenvolver técnicas infalíveis para você? **A VOCÊ MESMO**! Isso é a mais pura interpretação da autoajuda! E, além disso, as técnicas que você desenvolver para você serão totalmente funcionais: testadas e aprovadas pelo mais rigoroso controle de qualidade: **O PRÓPRIO CANDIDATO** que as criou e as melhorou!

E é aí que a "mágica" acontece: para criar e aperfeiçoar técnicas de estudo não existe nada melhor que **ESTUDAR**! E estudar **MUITO**! Várias e várias vezes! Você deve se concentrar nos seus estudos, perceber as falhas que você comete e os atalhos que o levam a ter mais eficiência! E com o tempo vai percebendo "o caminho das pedras", o caminho das **SUAS** pedras! E, claro, as **PEDRAS** do seu caminho!

Aproveito esse pequeno tópico para presenteá-lo, amigo leitor, com um texto do professor Hugo Góes, escrito no site **WWW.EUVOUPASSAR.COM.BR**. Hugo é, além de um brilhante mestre do Direito Previdenciário, uma pessoa ímpar. É dono de objetividade e seriedade invejáveis. Eu não poderia escrever este capítulo sem esta maravilhosa contribuição dele!

Duas regras para passar em provas de concursos
Hugo Góes

Se você já foi aprovado no concurso público dos seus sonhos, não precisa ler este texto. Mas se ainda não chegou nem perto disso e não sabe qual é a fórmula mágica da aprovação, hoje é seu dia de sorte: você está a alguns parágrafos de distância da descoberta do segredo.

Só existem duas regras para passar em concursos públicos:

Regra nº 1: Estude!

Regra nº 2: Não esqueça a Regra nº 1.

Algumas coisas nunca mudam. A Regra nº 1 é uma delas. Ela tem sido a base para a aprovação da imensa maioria dos candidatos a concursos públicos nos últimos 100 anos e continuará a ser assim daqui a 100 anos.

Por experiência própria, eu garanto que a Regra nº 1 funciona. Fui aprovado em todos os concursos que realizei. Em todos, usei a Regra nº 1.

A Regra nº 1 é um sucesso! No último concurso para Auditor Fiscal da Receita Federal do Brasil (um dos mais difíceis), todos os candidatos aprovados (inclusive o 1º colocado) aplicaram a Regra nº 1. Eu li uma entrevista com o 1º colocado. Acreditem! É verdade! Ele usou a Regra nº 1. O que fez ele passar não foi o "guaraná cerebral", mas a Regra nº 1.

Eu desconfio que todos os conhecidos "gurus" dos concursos públicos também usam a Regra nº 1. Eles podem até querer esconder o fato, mas no fundo, também aplicam a Regra nº 1.

Foi nas minhas leituras diárias da Bíblia que eu descobri a Regra nº 1. No livro de provérbios, fazendo uso da sabedoria que Deus concedeu-lhe, o Rei Salomão aconselha-nos:

"Apegue-se à instrução, não a abandone; guarde-a bem, pois dela depende a sua vida" (Provérbios 4.13).

Aplicando esse provérbio aos concursos públicos, podemos dizer:

"Apegue-se à Regra nº 1, não a abandone; guarde-a bem, pois dela depende a sua aprovação".

Na obra "Ética a Nicômaco", Aristóteles (384-322 a.C.) afirma o seguinte:

"Existem vários caminhos que levam ao fracasso, e apenas um que leva ao sucesso."

Aplicando o pensamento de Aristóteles aos concursos públicos, podemos dizer:

"Existem vários caminhos que levam à reprovação, e apenas um que leva à aprovação."

O único caminho que leva à aprovação é a Regra nº 1. Mas não se esqueça de também aplicar a Regra nº 2.

Assim, já para os estudos!

A saga do professor

Em razão do seu caráter muito específico, a didática de um professor de cursos preparatórios exige atenção constante.

Os mestres especializados na preparação dos candidatos sabem muito bem disso e procuram sempre novas formas de transmitir e facilitar a fixação de um conjunto imenso de informações necessárias aos seus alunos.

Se pensarmos bem, em uma sala de aula de um curso preparatório temos vários fatores que conspiram a favor daquilo que é novo.

Em primeiro lugar: uma plateia interessadíssima, ávida de informação útil e descomplicada.

Em segundo lugar: uma situação de tensão constante onde, por um lado, o professor é oprimido pelo tempo curtíssimo e, por outro, pela necessidade de se fazer perfeitamente compreendido (ou seja, o professor de concursos vive sempre "entre a cruz e a espada").

Em terceiro lugar, posso citar a heterogeneidade dos ouvintes que possuem diversos níveis de compreensão do tema que o professor está abordando e, quase sempre, trazem alguma bagagem recheada de (pré)conceitos sobre aquela matéria.

Com certa frequência, constato que é mais fácil plantar a informação em uma mente crua do que em um aluno contaminado por ideias preconcebidas.

Um professor de cursinho tem pouquíssimo tempo para se fazer compreendido pela turma e, para tanto, precisa construir algumas bases sólidas e homogêneas de forma a estabelecer um diálogo eficiente com seu público. E, ao contrário do que ocorre nos meios acadêmicos, a sobrevivência do professor depende disso.

Por outro lado, depende também da capacidade de se reciclar e de renovar a sua metodologia (até mesmo porque um aluno pode, e normalmente vai, assistir àquele curso mais de uma vez).

Ser capaz de se renovar exige uma qualidade ímpar do professor: a de saber ouvir. Ouvir a si mesmo, mas também ouvir os alunos. Porque os alunos falam. Ora falam com os olhos, ora com o corpo e até com a boca.

Ser aberto a sugestões e críticas demonstra, portanto, que o professor tem maturidade profissional e demonstra respeito para com os seus alunos. E, como já foi visto, não há melhor maneira de aprender do que ensinando.

Em outras palavras, a mesma disciplina que nós, professores, exigimos de vocês, nossos alunos, deve ser aplicada a nós: o mesmo grau de maturidade, de concentração e de compromisso com uma meta.

Todavia, é comum encontrar professores que não têm a mais remota ideia do poder que possuem quando lecionam. Aliás, lecionar é um exercício de poder.

Acontece que "grandes poderes também trazem grandes responsabilidades" (sim, Ben Parker, tio do Homem Aranha, é o autor dessa verdade universal).

A capacidade de influenciar mentes pode ser um dom natural ou fruto de muito esforço, não importa. Importante é assumir que é uma relação de poder altamente sedutora e, justamente por isso, perigosa. Daí, usualmente, os professores reagirem muito mal às críticas, principalmente quando são verdadeiras!

É comum encontrar aquele personagem, professor festejado por seu conhecimento e/ou sua didática e criticado por sua arrogância, empáfia ou mesmo antipatia. "Professores" apenas por ocasião da tarefa que desempenham! Professor de verdade nunca trataria um aluno de forma desrespeitosa ou ríspida!

A esses, esperamos carreiras muito curtas e efêmeras. Para que os estragos causados aos alunos que passaram por suas mãos não se multipliquem nas próximas gerações de concurseiros.

Temos também, ao longo dos anos, presenciado a "morte" prematura de vários mestres, verdadeiras lendas dos cursos preparatórios, vencidos pela estagnação de seus métodos e/ou conhecimentos.

São, literalmente, atropelados por novos nomes e tecnologias. Homens de valor inquestionável que acabam esquecidos. E, não se enganem, não há castigo maior para um professor deste "mundo concurseiro" do que o anonimato imposto pela rejeição dos alunos.

Sob esse aspecto, a nossa profissão é por demais ingrata. Nisso são mais felizes os acadêmicos, ainda que estéreis. Os nossos títulos, os milhares de alunos para quem lecionamos, os artigos que escrevemos, as obras que editamos, os combates que travamos, as almas que consolamos, tudo se esvai com a velocidade da luz.

A cada turma nova começamos do zero e, sedentos de conhecimentos e de dicas, os novatos nos sugam constantemente, exigindo que provemos o nosso valor o tempo todo. Sem descanso!

E não há espaço para o titubeio, para a demagogia ou para o fracasso. Não se pode escorregar! Ao final, tal como os antigos gladiadores de Roma, temos que ajudá-los a se vencer. E, se nosso esforço for coroado de êxito, ainda que ele não passe, reconhecerá o nosso mérito levantando o polegar para cima.

Quem reclama não passa

Sabe aquela pessoa que mal se senta na cadeira da sala de aula é já começa a dizer: "Está frio aqui, assim não dá para se concentrar!" ou então, logo no início da conversa sobre aquele professor de quem você tanto gosta, já vai logo disparando "sei não, vou exigir do curso que o troque porque ele não está agradando! E eu tenho tanto direito quanto vocês! Eu **TÔ PAGANDO**!".

Em minha longa "estrada" como professor de cursinhos preparatórios, eu pude encontrar, várias e várias vezes, criaturas que casam muito bem com essas descrições. O povo que **SÓ RECLAMA**. Reclama de tudo! Do ar condicionado, que pode estar quente ou frio demais; da voz do professor, que pode estar baixa ou alta demais; da sala de aula, que pode estar escura ou clara demais. É muito "demais" para o meu gosto!

É para eles, e tão somente eles, que eu havia decidido, há pelo menos uns dez anos, escrever um artigo chamado "**QUEM RECLAMA NÃO PASSA**", e aqui está o artigo!

Em primeiro lugar, se você é desse tipo de pessoa, **PRESTE ATENÇÃO**, porque se não se livrar deste "jeito", desse "vício de comportamento", você realmente não vai passar!

Se você conhece alguém assim, mas quer que essa pessoa passe, dê esse livro de presente (merchandising, não é?), vai ajudá-la a acordar!

Mas se você conhece alguém que é assim e esse alguém é seu concorrente, deixe ele se lascar! Continuar nessa vida de "**TUDO ESTÁ RUIM! EU VOU RECLAMAR! BLÁ BLÁ BLÁ**..." vai desvirtuar o caminho de estudos, levando-o, fatalmente, ao insucesso!

Vamos lá, a questão é mais simples do que parece:

– Se você, durante uma aula, reclama do frio do ar condicionado é porque está sentindo isso, não é? E por que você o está sentindo? Porque não está concentrado o suficiente na aula para que o frio passe despercebido!

– Reclamar, levantar a voz, brigar, tudo isso é desgastante e consome sua energia! Energia que você poderia, muito bem, direcionar para o estudo, para aquilo que realmente importa!

Um exemplo simples são aqueles alunos que saem da sala durante a aula para reclamar com a direção do curso sobre o fato de o professor não estar com a voz muito alta ou de a luz do projetor estar no seu rosto, impedindo-os de ler. Nessa saída "estratégica" em busca de seus direitos, o aluno "reclamão" perdeu 10, 15 minutos de assunto!

– Lembre-se disso: enquanto você reclama, seu concorrente está estudando!

Use sua energia em algo importante, e que trará benefícios ao seu estudo e ao seu sucesso! Afinal, na hora do "vamos ver", lá na prova, não adianta reclamar com o **FISCAL** dizendo que "a prova trouxe assuntos que eu não estudei" ou "ei, não estava descrito no edital que seria tão difícil".

Note bem, amigo leitor: não estou querendo que você vire uma pessoa com "sangue de barata", tampouco que deixe de lutar pelos seus direitos! Não, não é isso! Mas há pessoas que extrapolam! Esbravejam contra tudo e contra todos, levantando a voz com tamanha ira que descarregam todos os seus sentimentos naquele ato explosivo. E junto com os sentimentos vão a energia e a concentração! Que não voltam tão cedo, impedindo o retorno imediato ao "estado de espírito" propício para o estudo!

São fatos:

• se você se preocupa demais com tudo, a ponto de culminar numa explosão, você não consegue se concentrar nos estudos. Ou seja, é impossível estudar "antes da reclamação", desde que você esteja imbuído desse "espírito de reclamação";

• se você estoura e começa a reclamar de tudo, claro que não conseguirá estudar no meio da "crise". Pronto, já tinha inutilizado o "antes", agora lascou o "durante";

• se você é do tipo reclamão mesmo, ficará resmungando horas a fio após o "epicentro" da confusão, impedindo seu estudo e atrapalhando os que estão à sua volta, provavelmente! Finalmente, o "depois" também foi prejudicado!

Então, caro leitor, entenda! O único que perde por reclamar demais é justamente **QUEM RECLAMA**!

Alguns alunos têm me usado como "ouvidor" e eu os tenho encorajado de um jeito carinhoso só meu, fazendo-os pensar naquilo que querem para si. Lembro-me, pois, de alguns fatos engraçados que descrevo a seguir.

CASO 1

Aluna: "Professor, estou muito decepcionada com o _____ (curso)! Tem um bocado de falhas e o pior: eu já reclamei várias vezes, e eles não me ouvem! Eu vou me livrar disto aqui! Vou sair!"

João Antonio: "Ô, minha filha, duas perguntas:

Se eles não ouvem, e você já sabia disso, por que continuou reclamando (gastando sua energia e seu tempo)?

A melhor forma de 'se livrar do curso' é passando, e para isso, você deveria estar estudando! Você estudou? Está prestando atenção nas aulas para 'sair do curso' mais rapidamente?

Você realmente acha que o erro está no curso? Acha que se for para outro cursinho não haverá motivos para você reclamar? Entenda: você está reclamando porque quer! Os seus colegas de sala estão ESTUDANDO!"

Pois é, eu nunca mais a vi depois deste dia! Perceba que eu não estou DEFENDENDO o curso! Se uma escola preparatória "faz m*", tem que ser avisada! Tem que ser alertada para corrigir o mais rápido possível! Mas a aluna precisava acordar!

CASO 2

Aluno: "Professor, eu vou reclamar nessa %$&*# desta banca examinadora, que me colocou longe para &%#@$# da minha casa! Eles vão ter que mudar isso!"

João: "Ok, ok... Duas coisas:

Você acha que eles vão realmente mudar o local da sua prova? Se sim, qual seria o motivo: pena de você, porque você é bonito (não é), porque eles têm Deus no coração? ACORDA! NÃO ADIANTA!

Em segundo lugar, não é o LOCAL DE PROVA que importa, tampouco o SEU estado de espírito com relação a ele. O que importa é o que você vai MARCAR na prova! E isso, meu amigo, só vai depor em seu favor se você estiver preparado (de conhecimento) e com o emocional em perfeitas condições (o que não é, agora, o que eu percebo)."

Esse aluno eu vi muito, e puxei-lhe as orelhas várias vezes. Agora não posso mais, ele é Agente da Polícia Civil de Pernambuco, futuro Policial Federal, se Deus quiser!

Em resumo, amigo leitor: **RECLAMAR NÃO ADIANTA! O QUE ADIANTA É ESTUDAR**!

Além do mais, se quiser reclamar, deixe para fazê-lo **DEPOIS DE PASSAR**... Reclame do salário! Da carga de trabalho! Faça greve! Participe do sindicato! Engrandeça esse espírito reclamão que habita dentro de você, se isso lhe faz feliz!

(Particularmente, eu não teria tempo para reclamar depois de aprovado! Estaria curtindo tudo de bom que não pude curtir enquanto estudava!)

Fala, concurseiro!

Luiz César, 38 anos, biólogo, nos trouxe um caso interessante:

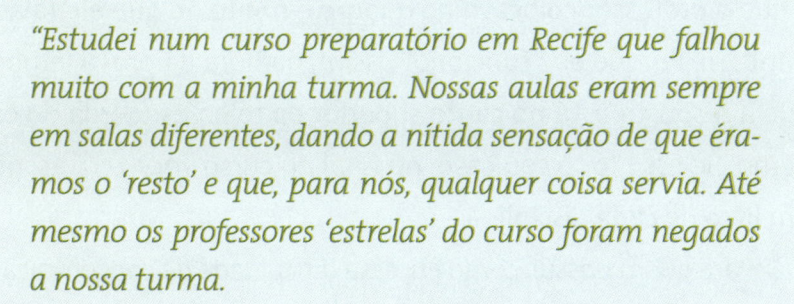

"Estudei num curso preparatório em Recife que falhou muito com a minha turma. Nossas aulas eram sempre em salas diferentes, dando a nítida sensação de que éramos o 'resto' e que, para nós, qualquer coisa servia. Até mesmo os professores 'estrelas' do curso foram negados a nossa turma.

Claro que isso incitou uma revolução e uma chuva de reclamações e desistências. Mas, em meio a todos os momentos de levantes e tumultos, lá estava eu aproveitando, na sala de estudos do cursinho, para atualizar meus conhecimentos sobre o assunto daquela aula que ninguém queria (nem iria) assistir.

> *Hoje me considero aprovado nesta vida de estudos, embora ainda não tenha tido meu nome publicado em nenhum diário oficial. Pelo menos sei que aparecerei à frente daqueles que tanto perdiam seu tempo reclamando com um curso que não os atenderia."*

SEMPRE GRAVE A AULA

Uma das primeiras descobertas a serem feitas quando você inicia os estudos, caro leitor, é definir qual é o SEU tipo de memória residente (permanente) mais ativo. Basicamente trabalhamos com dois tipos de memória: a visual e a auditiva.

Eu sempre precisei escrever durante as aulas, copiava tudo o que o professor colocava no quadro e muito do que ele falava também. Porque eu "funciono" assim, na hora da prova lembro que a resposta está no canto superior da folha esquerda do caderno. Se esse for o seu caso, no final do curso você terá escrito um livro de cada disciplina.

Para quem possui, como eu, essa dificuldade de concentração, ou seja, precisa fazer um esforço enorme para se concentrar, é recomendável que grave as aulas em áudio primeiro porque, com isso, você fica mais livre para prestar atenção e anotar apenas pequenos tópicos, segundo porque depois, durante a transcrição das aulas para o caderno, é sempre possível aperfeiçoar os conceitos consultando bons livros e, ao mesmo tempo, checando a veracidade e a clareza das informações fornecidas pelo professor durante a aula.

Agora, se você é dessas pessoas que possuem uma memória auditiva bem desenvolvida (que inveja de gente assim!), também recomendo que grave as aulas. Depois você pode até editar a fita e manter apenas os "melhores momentos". Dá para estudar no engarrafamento, na esteira ergométrica ou andando de bicicleta.

O que importa é que você se conheça, defina o seu perfil e melhore sua capacidade de concentração. Fica a dica: seja sua memória residente mais ativa a visual ou a auditiva, sempre grave as aulas.

Fala, concurseiro!

Heitor Carvalho, engenheiro mecânico, 33 anos, conta sua experiência com o gravador.

"Eu gravo todas as aulas! Todas!

E vou me dando avisos a cada coisa importante (ou não) que o professor diz. Costumo, inclusive, me dar avisos falados para prestar atenção ou para ignorar partes da aula. Quando o professor está fazendo piadinhas (alguns perdem muito tempo), eu interrompo a gravação para ter somente o que importa!

É bom ter um GRAVADOR exclusivo, que foi feito para isso! São mais caros, mas têm microfones com melhor qualidade que os simples MP3, MP4 etc. Eu uso um da Olympus que é muito bom!"

É POSSÍVEL ESTUDAR EM CASA?

Essa pergunta chega a ser "conveniente", visto que vai ser respondida por um professor que criou um sistema de ensino para concursos por meio da Internet, não é?

Sim! É possível estudar em casa! Sim, é possível estudar **SEM CURSINHOS** (presenciais ou telepresenciais)! Sim, é possível estudar **SEM O EU VOU PASSAR** (www.euvoupassar.com.br)!

Mas antes de queimar todos os seus cadernos e correr para exigir a devolução da sua taxa de matrícula, leia com atenção a análise que farei agora. Em primeiro lugar, vamos tecer uma série de perfis de concurseiros para ver se você se encaixa em algum deles.

Existem pessoas que possuem capacidade de concentração e determinação extraordinárias, que lhes propiciam a faculdade de estudar apenas lendo a letra da lei e, no máximo, algum livro que a comente. São pouquíssimas pessoas. Normalmente muito caladas, introspectivas e brilhantes. Se decidirem passar em um concurso, a vaga é delas! Se você se identifica com esse perfil, considere-se um felizardo! Deus o presenteou com o maior dom dentro do público concurseiro! Parabéns!

Outras pessoas conseguem completar seus estudos por meio de livros, mas muitas vezes encontram obstáculos na interpretação de algumas partes dessas publicações. Esses alunos precisam de alguém que lhes "quebre o gelo", um facilitador que lhes aponte o caminho e permita, em palavras simples, que eles se familiarizem com o livro, tirando-lhes o "véu da ignorância" para que eles possam seguir sozinhos.

Há também aqueles que não gostam de estudar por livros! Não conseguem ler muito! Não conseguem se concentrar na leitura e, com isso, classificam o estudo via livro como não eficiente. Esses alunos são aqueles que fazem cursos várias e várias vezes, no intuito de compensar, com excesso de "docência", a ausência total de "literatura" em seus estudos! Em muitos casos, o simples fato de assistir a um mesmo curso (com o mesmo professor ou não) pode trazer "nova luz" a certas questões que ficaram obscuras da primeira vez, e isso muita vezes faz crer que o livro não é necessário, porque basta "assistir" à aula várias vezes para que o conteúdo completo seja assimilado!

Mas, caro leitor, você também pode ser um misto desses três perfis. Pouca gente é, realmente, **TOTALMENTE** "A", ou totalmente "B" ou totalmente "C". Embora, pelo que tenha percebido nessa longa estrada como professor, a maioria tende para o perfil "B" (meio livro, meio professor).

Para os que possuem o perfil "A", estudar em casa não é só POSSÍVEL, como é **IMPRESCINDÍVEL**! Aqueles que se encontram no perfil "B" podem, sim, fazer uso de momentos de estudo em suas casas! São mais "ecléticos". Podem não dispensar o cursinho preparatório, mas conseguem enxergar em suas casas um excelente local de estudo também!

E, talvez pelo que você tenha deduzido, você ache que os estudantes do perfil "C" não se dariam bem com o hábito de estudar em casa, não é? É aí que vamos provar o contrário!

Estudar em casa foi, durante muito tempo, sinônimo de "estudar APENAS por meio dos livros". Isso já era! Muitos meios de ensino em casa têm tanto êxito em chamar a atenção dos "C" e "B" quanto as aulas dos cursinhos preparatórios convencionais!

Aulas em vídeo por meio da Internet já são muito comuns (e bem-sucedidas no quesito qualidade). Cursos via texto e via áudio também podem ser encontrados em vários sites para o deleite dos mais "eremitas".

No entanto, a despeito de toda a sorte de opções que se apresentam hoje para que o estudo em casa se aproxime (ou tente) da interação que se encontra em uma sala de aula, é necessário analisar alguns pontos (e isso, com relação a você, **SÓ VOCÊ PODE ANALISAR**), eu só vou dar as ideias! É você quem vai se "encaixar" aqui, ok?

E, antes de qualquer coisa, quem **PASSA** é **VOCÊ**, não o curso, nem o professor! **É VOCÊ**, com **SEU ESFORÇO! SUA GARRA! SUA VONTADE! SUA DEDICAÇÃO**! Portanto, qualquer que seja a FORMA pela qual você decida se preparar, ela é só uma escolha! Se você estiver decidido, qualquer que seja a sua escolha, vai levá-lo, sim, à aprovação!

1) (A) Curso preparatório (sair de casa)
x
(B) Estudar em casa

1.a) Em primeiro lugar, depende do seu perfil! Estudar em casa tem suas vantagens: comodidade, segurança, conforto, paz (relativo), não se enfrenta trânsito, não se tem custos "agregados", como transporte, alimentação etc.

1.b) No entanto, tem gente que não consegue se concentrar em casa, por causa do excesso de coisas/parentes/aderentes para desviar sua atenção. Nesse caso, o jeito é partir para "fora". E se você vai estudar fora de casa, há que se pensar em outro ponto.

2) (A) Curso presencial (professor de "carne e osso")
x
(B) Curso telepresencial (telão)

2.a) Sem dúvida alguma, todas as vantagens apontam para o curso presencial! **NÃO HÁ NADA QUE SUBSTITUA A PRESENÇA DO PROFESSOR** na sua frente, explicando-lhe daquele jeito que você irá entender, respondendo à sua dúvida na hora. E se você não entendeu, o professor **SENTE** isso! Ele vai criar, no mesmo instante, uma nova forma de explicar só para você! **SÓ POR VOCÊ**!

Essa magia só no curso presencial mesmo!

Obs.: é claro que há alguns ditos "professores" com problemas emocionais sérios que tratam os alunos de maneiras terríveis... Tais indivíduos não estão no magistério por vocação, tenham certeza disso! Eles ensinam pela oportunidade de "ganhar mais algum" e não pelo amor à docência! E EU CONHEÇO MUITOS DESSES! Alguns são verdadeiros "lordes", educados nos melhores estábulos da Europa!

2.b) Eu nunca fui fã de cursos telepresenciais. (Digo isso da perspectiva do aluno, pois, como professor, eles pagam até bem.)

Analise comigo: sair de casa, enfrentar trânsito, talvez chuva, voltar tarde para casa, para ver o professor **EM UM TELÃO**, sem interação, sem "contato" com ele... Francamente... Os cursos na Internet já nos dão isso sem os pontos negativos que citei anteriormente!

Só vejo duas razões (conjuntas) para que você possa (e deva) fazer cursos telepresenciais (via satélite):

a) Você não consegue estudar em casa, mesmo que por meio de vídeos.

b) O curso via satélite é mais barato (muito mais) que o presencial equivalente e a sua realidade financeira não permitiria custos maiores.

Se essas duas condições forem satisfeitas, não vejo porque não adentrar (e estudar) em um curso telepresencial.

Neste quesito, há um interessante ponto a tocar: cursos telepresenciais deveriam ser **MUITO MAIS** baratos que os seus equivalentes presenciais, porque as grandes redes de ensino a distância têm inúmeros alunos, e ganham na quantidade deles. Mas o que eu vejo é que o desejo insano de lucro de alguns impede que essa realidade aconteça! Espero que logo surja algum sistema de ensino telepresencial via satélite que mude essa realidade (baixando o custo final ao aluno, tornando mais interessante para o aluno inscrever-se).

3) (a) Cursos em VÍDEO por meio da Internet
x
(b) Cursos em TEXTO por meio da Internet

Os que decidiram ficar em casa têm, além dos livros, inúmeros auxílios aos seus estudos, hoje em dia, com a Internet! Especialmente por meio de sites que fornecem aulas em vídeo e aulas em texto.

Aqui vão as dolorosas comparações:

3.a) Se você quer ficar em casa, mas ao mesmo tempo gosta muito do contato professor/aluno e deseja ter, aí no conforto do seu lar, um ambiente muito semelhante ao que se pode encontrar em um curso presencial, você tem que optar por aulas em vídeo que, virtualmente, levam o professor até você!

Escolha, porém, os melhores professores. E ainda mais: os melhores professores **PRESENCIAIS** não são, necessariamente, os melhores professores **VIRTUAIS** (tem professor que não se acostuma com a câmera, com o "estilo" do estúdio).

Dentre as diversas opções de sites com aulas em vídeo na Internet, localize aquelas que não limitam quantidade de visualizações de aulas, aquelas que até deixam você baixar as aulas para seu computador; aquelas que fazem de tudo para melhorar, não importando o quanto custe, mas que mantêm o respeito pelo aluno e pelo seu esforço. Sei que tudo isso vocês vão encontrar no **EU VOU PASSAR**! (momento da propaganda!)

3.b) Cursos em texto, na minha opinião, são furados (você pode até dizer: "e daí, João, não quero eles para carregar água!"). Por que digo isso? Em muitos casos, eles são mais caros que bons livros! E são praticamente a mesma coisa (com a diferença de **VOCÊ IMPRIMIR** – ou ler no monitor). Ou seja, quem não se identifica com a mídia **LIVRO**, e quer a Internet para poder estudar em casa, não tem porque fazer um curso via texto!

E se você tem afinidade com a leitura (tem gente que diz, inclusive, que **NÃO CONSEGUE ASSISTIR A AULAS EM VÍDEO**, prefere ler), é melhor comprar o livro (mais barato, você não teve de imprimir, com conteúdo completo). Sinceramente! E aquele professor que está lá "escrevendo" o curso, provavelmente **JÁ TEM O LIVRO** publicado! Procure o livro!

Eu só vislumbro **UMA SITUAÇÃO** em que o curso via Internet em texto seja interessante, e as características a seguir devem ser obedecidas:

• O curso em texto é **MAIS BARATO** (contando a impressão) e possui melhor conteúdo que o livro;

• A sua internet é muito lenta para cursos em vídeo (que são muito maiores)*.

(*) Nós, do EU VOU PASSAR, também pensamos nisso! Nossos cursos em vídeo são distribuídos em DVDs para os alunos que os comprarem. Eles vão receber, em casa, o DVD contendo aquelas aulas que desejam, sem que precisem usar uma Internet lenta de dar raiva!

Por fim, caro leitor, a decisão é **SUA**!

Vai estudar em casa? Vai estudar em um cursinho? É presencial? É telepresencial? Vai estudar por livros? Por sites de vídeo? Ou texto?

Depende única e exclusivamente de você! Lembre-se: é **VOCÊ** quem constrói suas "técnicas infalíveis". Confie em **VOCÊ**! Descubra **SEU ESTILO**!

E visite o www.euvoupassar.com.br para ver que há muitas opções boas na Internet!

Fala, concurseiro!

A Carolina Cunha, de Formiga/MG, nos ajuda com suas dicas.

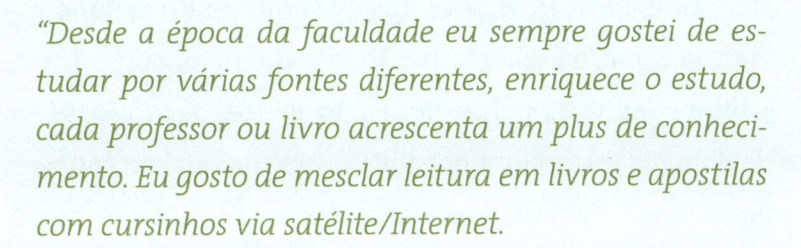

"Desde a época da faculdade eu sempre gostei de estudar por várias fontes diferentes, enriquece o estudo, cada professor ou livro acrescenta um plus de conhecimento. Eu gosto de mesclar leitura em livros e apostilas com cursinhos via satélite/Internet.

Assim, divido meus horários, faço planilhas nas quais reparto as matérias, tempo de estudo e modo de estudo para que tudo tenha seu devido tempo, isso para uma matéria não preterir a outra, pois a tendência é a de estudarmos mais as matérias de que gostamos, ficando no déficit com as outras."

Entre lenhadores e coletores de castanhas

Sempre que nos deparamos com uma vasta e rica floresta, invariavelmente, encontramos lenhadores e coletores de castanhas.

Os lenhadores promovem a destruição da floresta, arrasam suas árvores, praticam uma extração predatória, cruel mesmo. São, por definição, imediatistas, focados em resultados de curto prazo, não mensuram as consequências de seus atos. Alguns até vociferam do alto das tribunas da vida refrãos em favor da ecologia e da proteção à biodiversidade dos ecossistemas. Tudo retórica falaciosa e cínica, parte de um estratagema para angariar mais recursos de incautos e ingênuos a fim de financiar a compra de motosserras mais potentes que aumentam exponencialmente sua capacidade de lucro tão fácil quanto inconsequente.

Ultimamente, os lenhadores estão aperfeiçoando suas técnicas de domínio do espaço florestal. Estão se unindo em cooperativas devidamente financiadas por grandes madeireiras interessadas em também aumentar seus lucros, usurpando e devastando cada vez mais hectares da floresta. Em um processo simbiótico extremamente eficaz, formaram um monopólio poderoso com o objetivo claro de destruir o mercado dos coletores de castanhas.

Os lenhadores, apesar de se camuflarem atrás de discursos bem construídos, não têm nenhuma preocupação com a ética do mercado. São carnívoros, predadores que se colocam no ponto mais alto da cadeia alimentar. Esquecem ou desconhecem uma verdade natural e básica: muitas espécies de carnívoros, em razão de seu apetite voraz, hoje se encontram extintas, muito embora as florestas permaneçam.

Os lenhadores adoram espetáculos de pirotecnia, frases feitas, distrações de toda ordem, promessas vãs que seduzem os incautos. Tudo conspirando para que suas vítimas se entreguem felizes aos dentes da serra devoradora. São profundos conhecedores das misérias da alma humana e não titubeiam em evocar o nome de Deus em vão se isso lhes ajudar a ganhar dinheiro. Aos olhos menos argutos se afiguram como criaturas de escol, capazes de empolgar e arrancar aplausos calorosos da multidão. São admirados e respeitados, seja em razão dos títulos nobiliárquicos conseguidos na Terra ou do dinheiro que possuem nos bancos e colchões. Contudo, seus sofismas não resistem a uma investigação menos superficial. São cegos conduzindo cegos.

Tornam o discurso mais doce quando apregoam a ideia de que tudo é fácil e pode ser conseguido sem planejamento e esforço.

Por outro lado, os coletores de castanhas promovem o desenvolvimento sustentável da floresta. Preservam para as gerações futuras, defendendo as boas práticas no mercado. Visam, igualmente, ao lucro, mas não a qualquer preço. Possuem limites éticos de atuação bem definidos e respeitados. São capazes de recusar falsos atalhos e, por isso, são ridicularizados pelos lenhadores, que os comparam indevidamente ao "Incrível Exército de Brancaleone".[1]

---

[1]. Filme de 1966, direção de Mário Monicelli. Retrata a saga do personagem título na sua jornada para tomar um feudo a que julga ter direito liderando um "exército" de quatro maltrapilhos.

Os coletores de castanhas acreditam e, sobretudo, respeitam profundamente os sonhos e ideais daqueles que os procuram. Compartilham suas experiências e são indubitavelmente fiéis à ideia de que não existe sucesso sem trabalho e disciplina. Nutrem um profundo respeito pelas leis naturais.

Acautele-se, pois.

O mercado de concursos públicos é tão vasto e rico quanto uma floresta. E nele existem lenhadores e coletores de castanhas. Certamente você não vai gostar de cair nas mãos dos lenhadores.

Dicas para prova discursiva

Caro leitor, responda com sinceridade: você tem medo de fazer provas discursivas? Sim! Aquelas em que você tem que dar sua opinião, ou escrever textos dissertativos sobre algum tema? Tem?

Acha que é muito difícil? Perigoso? Chato? Já sei, você acha que nunca vai conseguir escrever bem naquele tempo curto que tem para fazer a prova.

Você até consegue pensar em uma boa ideia, mas colocá-la no papel, da maneira como você acha que o examinador gostaria é outra história, não é?

Existe uma grande distância entre a ideia (na cabeça) e a sua transcrição para o papel. Quanto mais fazemos essa passagem (ou seja, quanto mais vezes escrevemos), mais rápido passamos a escrever. Tudo (até o prazer de escrever) vem com a prática diária.

Quando vou escrever um texto me obrigo a determinadas respostas prévias.

Quem é o meu leitor?

Que mensagem pretendo transmitir?

Os meus argumentos têm consistência?

O que tenho a dizer é belo, útil e verdadeiro?

A partir desse ponto defino a forma e o conteúdo do texto.

Em uma prova discursiva de concurso não é muito diferente.

Permita-me, caro leitor, ousar trazer-lhe algumas dicas que considero úteis para a realização de provas discursivas:

– Leia com atenção a proposta do tema. Na mesma hora você deve perceber que tipo de dissertação o examinador quer. Existem, basicamente, dois modelos: o expositivo, no qual o examinador apenas solicita informações sobre determinado assunto (sem a sua opinião), e o argumentativo, em que o que se pede é, justamente, a sua opinião sobre o tema proposto. Ou seja, uma espécie de escolha de posição sua e, claro, necessariamente, a defesa do porquê de você ter escolhido aquela posição.

– O papel do rascunho é meramente estrutural (é apoio). Você **NÃO** deve fazer uma espécie de redação completa e preliminar no papel de rascunho. Isso só faz consumir um tempo precioso. O rascunho deve ser um mero "esboço" do seu texto final. Escreva argumentos, estabeleça a ordem de apresentação desses argumentos e elabore uma conclusão. Só escreva tudo, mesmo, no caderno de resposta.

– Seja objetivo: se atenha ao que a banca solicitou e nada mais. Não tente demonstrar todo o seu conhecimento, principalmente se a questão for técnica ou for um estudo de caso. Já cansei de corrigir provas em que o candidato demonstrava saber muito sobre o tema, mas simplesmente não respondeu à questão proposta. Isso é mais comum do que você imagina. É o erro de **FUGA DO TEMA**. Esse anula qualquer chance de aprovação!

– Seja simples ao escrever. Uma linguagem elegante não é necessariamente uma linguagem rebuscada. A simplicidade favorece a transparência das ideias expostas e, claro, facilita a leitura por parte do examinador já sofrido.

– E por falar no examinador... Seduza-o logo de cara!

Vamos lá... Coloque-se, agora, no lugar dele: o infeliz está lendo milhares de redações praticamente iguais. Quase todas começando com a repetição da pergunta formulada. Por favor, não faça isso! Nada de começar pelo "geral" e depois atingir o "específico". Esse modelo está ultrapassado. O primeiro parágrafo é essencial. Nele você deve demonstrar de forma criativa que entendeu a proposta e que vai cumpri-la a contento. Se o examinador for surpreendido positivamente no primeiro parágrafo existe uma boa chance de corrigir a sua dissertação com mais boa vontade.

– Não misture conceitos, para cada parágrafo, uma ideia.

– Fique atento aos limites mínimo e máximo de linhas.

– Evite inversão das frases, seja direto. De vez em quando, uma inversão frasal pode dar um certo charme à narrativa, mas nada de excessos. Comece as frases, na sua maioria, pelo sujeito e não por preposições ou conjunções.

– Também evite períodos muito longos e seja comedido no uso da vírgula, prefira o ponto final.

– Atenção: só faça citações bibliográficas (ou mesmo biográficas) se você tiver absoluta certeza da veracidade da informação! Os examinadores simplesmente odeiam "dados falsos", e eles vão pesquisar, hein?

– Finalmente faça uma conclusão verdadeiramente magistral! Sintetize e reafirme todo o conjunto estrutural das ideias e conceitos expostos na dissertação. Seja direto, confiante e tenha orgulho daquilo que está escrevendo! Para escrever realmente bem, especialmente o tipo de texto que se pedirá nas provas discursivas que você enfrentará, nós todos nos valemos daquela máxima, caro leitor: "A prática leva à perfeição!"

Pratique! Conheça o assunto! Escreva sobre ele! Ame o que você escreve e sinta orgulho disso!

Fala, concurseiro!

Gislaine Rizzo nos ajuda mais uma vez.

"Confesso que levo jeito para escrever, as palavras saem facilmente na redação. Mas acredito que essa disciplina exige treino – claro que conhecer o assunto primeiramente é essencial. Para isso a Internet funciona e traz muita informação. E depois é preciso treinar a escrita levando em conta as regras de redação (que peguei no site do EVP), treinar para escrever bem, usando um bom vocabulário e dentro das 30 linhas que teremos."

4

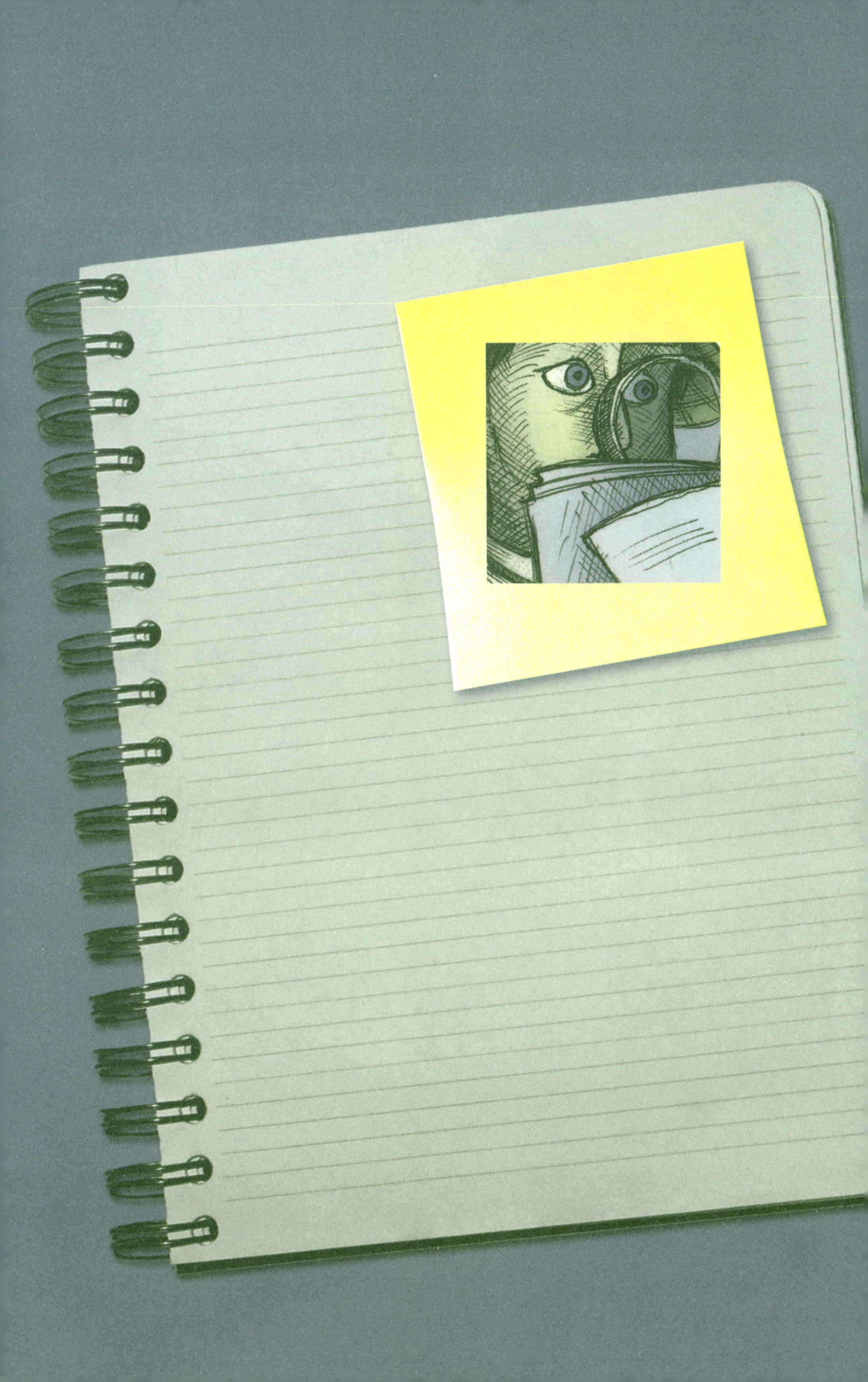

Edital

Capítulo 4
O edital

Da agonia ao êxtase em dez passos

Se você é feito "peru", que "morre na véspera", sofrendo cada vez que algum boato sobre o seu concurso é espalhado, leia com atenção este tópico. Você tem que conhecer o processo de realização dos concursos para não ficar sofrendo à toa!

1º Passo – Autorização

Tudo começa com um pedido de autorização feito pelo órgão interessado em contratar mais servidores. A análise desse pedido leva meses e, às vezes, mais de um ano.

Ou seja, se sair no "fórum tal" ou no "site tal" algo como "Ministério tal pede autorização para 200 vagas", isso, em si, não significa "urgência". Na verdade, isso nem significa que o concurso vai, realmente, ocorrer!

2º Passo – Deferimento do pedido

Só a partir do deferimento do referido pedido de autorização, o candidato pode dar algum crédito para a realização do concurso. Mesmo assim, ainda pode levar meses!

3º Passo – Contratação da banca examinadora

O órgão requerente inicia um processo de contratação (de preferência por meio de licitação) da instituição que realizará o concurso. Em regra, esse processo leva cerca de noventa dias para ser concluído.

4º Passo – Publicação do edital

A publicação do Edital trará as "regras do jogo" e o conteúdo programático do processo seletivo. Além de definir a data para as inscrições.

5º Passo – Realização das provas

Nesta etapa são realizadas as provas escritas e, se for o caso, os exames psicotécnicos, de aptidão física e de saúde. Além da análise da chamada vida pregressa do candidato (por favor, justamente por causa desse último item, evite fazer besteira por aí).

6º Passo – Prazo para os recursos

Aplicadas as provas, abre-se prazo para a interposição de recursos dos candidatos quanto a possíveis falhas na elaboração das questões. Como quem examina as reclamações é a própria banca examinadora não dá para ficar muito esperançoso com a anulação de uma ou mais questões.

Note: as anulações ACONTECEM, sim! Mas não se pode contar com elas como esperança palpável. É tudo desejo da banca! Você estará à mercê dela, caro leitor! Não tem jeito!

7º Passo – Resultado final e lista de aprovados

É publicada, finalmente, a lista de aprovados e classificados dentro das vagas oferecidas no edital.

8º Passo – Homologação do concurso

Passadas algumas semanas, o concurso tem sua validade reconhecida com a publicação da sua homologação no Diário Oficial. O prazo de validade do concurso, previsto no edital, passa a ser contado a partir dessa data e pode ser prorrogado, mais uma vez, por até igual período.

Decisões judiciais têm considerado que não pode ser realizado novo concurso para o mesmo cargo, enquanto o período de validade do primeiro concurso estiver transcorrendo. Portanto, durante o prazo de validade do concurso anterior, não se pode levar a sério nenhum boato sobre a realização de um novo concurso.

9º Passo – Convocação dos aprovados

Chegou o dia da posse! Ponha uma roupa legal, convide a família e bem-vindo ao serviço público!

10º Passo – Fim do estágio probatório

Finalmente você conseguiu sua estabilidade, parabéns!

Moral da história: aquele que realmente está decidido a conseguir uma vaga tem que estudar sempre e não ficar dando ouvidos a boatos. Como a contratação depende desse processo todo, mais cedo ou tarde o edital é publicado e isso não será surpresa alguma se você estiver alerta.

"Edital" só vem antes de "preparação" no dicionário

"Saiu o edital... O Concurso é daqui a 3 meses! E agora?"

Bom, caro leitor... Na minha humilde opinião: se você ainda não começou a estudar, "**FERROU**"!

Ahh... Você tem a ilusão de que o edital é o ponto de partida para a sua preparação para o concurso? Você não está somente errado, você está **ATRASADO**! Estudar para o concurso deveria ser seu hábito constante muito antes desste edital ter sido publicado!

Na verdade, você já devia estar se preparando desde antes do momento da autorização (veja o tópico anterior, com os 10 passos da realização do concurso).

DESISTA DESSE EDITAL! (estou levanto em consideração que você resolveu estudar **DEPOIS** da publicação do edital, **OK**?)

Está achando que é exagero? Brutalidade da minha parte? Falta de esperança? Está achando que é pessimismo?

Então, vejamos:

50% dos inscritos no concurso que você almeja estão exatamente como você: "bosta na água", "boiando" sem destino... Ou seja, metade dos inscritos está tão perdida quanto você! Parabéns, a culpa não é só sua!

30% começaram a estudar há algum tempo, mas não se encontram preparados como deveriam para atingir as vagas propostas pelo certame.

15% estão prontos para a briga! São excelentes candidatos.

5% já têm suas vagas garantidas, pois estes vêm estudando há muito tempo (ou médio), mas da maneira correta! Com dedicação, sem neuroses, com cuidado, sem pressa!

Mas, o mais triste disso tudo: As vagas do concurso somam, no máximo, 3% do número de inscritos do concurso (para uma relação de 33 inscritos por vaga)... Ou seja, pode parecer "jogo de cartas marcadas" - e é! As vagas serão conseguidas por quem está estudando com mais qualidade e, normalmente, há mais tempo.

Se você quer começar a estudar **AGORA**, depois do edital publicado, prepare-se psicologicamente para a derrota. Pois é o que fatalmente espera por você!

O que fazer, então? **SEJA UM DOS 5%**! Estude a partir de agora não para esse edital que acabou de sair (não **DEPOSITE**

SUAS ESPERANÇAS nele). Estude da maneira correta (você descobrirá qual é a sua maneira correta) para um concurso que ainda não saiu.

Pegue as matérias mais comuns (Português, Direito Constitucional, Direito Administrativo, Informática – hoje, nem tanto – e Raciocínio Lógico). Garanta ficar fera nestas matérias. Para que, quando o edital sair, você só precise estudar as específicas e dessas cinco, só precise ver exercícios.

Não se precipite. Não deposite todas as suas energias em um concurso que acabou de sair se você não tiver estudado, pelo menos, 50% do conteúdo dele. Se vai começar agora, ponha na cabeça que você não estará investindo neste concurso que virá. Ele será um teste, apenas, não o seu alvo! Seu alvo é um concurso que acontecerá **QUANDO VOCÊ** estiver entre os 5%!

Aponte para o concurso antes de o Ministério do Planejamento começar a receber os pedidos de realização dele! Informe-se na Internet, com outros concurseiros, para decidir qual o cargo (e o órgão) que você vai focar. Decidido isso, não importando se o concurso está perto ou longe, **ESTUDE**! Mas pense que se ele estiver perto, você deve entender que talvez não seja este o seu alvo, mas o próximo concurso.

Não importa, na verdade, quando o concurso vai acontecer. **ESTUDE**! O máximo que puder, o melhor que puder, o mais determinado que puder!

Aproveite, inclusive, a "entressafra" dos concursos (aquela época em que poucos concursos são realizados, como ano eleitoral, por exemplo) para estudar! Assista a cursos de matérias específicas com professores bons. Fazendo cursos em épocas "de **vagas** magras" (sim, é "**VAGAS**" mesmo), normalmente as taxas de matrícula e mensalidades são mais baratas, e as salas ficam menos cheias. Evite o "maria-vai-com-as-outras" que enchem as salas depois que o edital sai, desesperadamente! Você pode até se matricular, também, mas sem desespero (porque já havia feito cursos em épocas "mais livres").

RESULTADO: prêmio para quem investe em estudar nessa época! Mais concentração (menos gente na sala), menos custo, e mais tempo e detalhamento nas aulas (normalmente, sem edital "na praça", os professores correm menos).

Tudo isso, amigo leitor, é simples de entender: professores bons são bem requisitados em épocas de "**EDITAIS PUBLICADOS**" e, por isso, não conseguem se dedicar muito a uma turma em específico. É nessa época que eles "correm mais" para "tirar mais algum" merecidamente.

Em épocas "fracas", os professores não têm muitas opções de escolas e cursos e, por isso, quando estão com uma turma, dedicam-se com calma e cautela a ela. São, a minha experiência de professor me trouxe essa certeza, os alunos mais bem preparados, com suas dúvidas mais sanadas, com seu estudo mais eficiente!

(Essa ideia é muito semelhante a viajar na baixa estação – hotéis e passagens mais baratos, menos hóspedes, serviço mais aconchegante e personalizado, sem os atropelos do excesso de turistas da alta estação.)

Portanto, amigo leitor: **PREPARE-SE**! E prepare-se muito antes de o edital sair! Esteja pronto, na verdade, quando o edital sair. Esse edital não será nenhum motivo de desespero para você! Lembre-se: você só terá 2% dos inscritos para vencer! A vaga estará bem mais perto que longe, pode ter certeza!

Apenas permita-me um adicional: eu realmente acredito no que disse com relação ao "desista". Já convenci meus dois irmãos a não fazerem provas de concursos em que haviam se inscrito. Só porque eu sabia que eles não passariam (não tinham estudado)! Em ambos os casos eu disse, sem meias palavras: "Não vá fazer a prova! Não adianta! Fique aqui e passe o domingo com a gente! É mais prazeroso e proveitoso!"

Cruel? Eu sinceramente acho que não! Crueldade é deixar que se iludam e depositem suas esperanças em um empreendimento fadado ao insucesso! Estou querendo que você também tenha essa consciência e essa chance de se preparar antecipadamente! Se o fizer, terá muito mais chances!

FALA, CONCURSEIRO!

Rachel Lira, 28 anos, concurseira de carteirinha, nos dá uma lição.

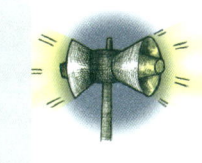

"Quem espera passar em um concurso, com a concorrência que se tem hoje, deve se preparar muito antes do edital ser publicado! Meses! Anos antes! (Exagero, tá?)

Comece estudando o que mais cai: português, constitucional, administrativo. Isso sempre cai! Quando o edital chegar, dá para estudar apenas o que é diferente e, em alguns casos, ficam faltando apenas os exercícios (porque a gente já havia estudado tudo antes).

Não dá para esperar o edital! A largada para os estudos de um determinado concurso começa bem antes, começa no momento em que você decide por aquele concurso! Leia o edital anterior, baseie-se por ele e comece bem antes dos seus concorrentes!"

Conhecendo as regras do jogo

Deixa eu te contar um segredo, leitor: estudar é, sim, importante! É a coisa mais importante que você pode fazer se deseja passar em um concurso. Mas há outras coisas que podem dar uma "mãozinha" para o seu preparo, e elas estão, muitas vezes, escondidas no **EDITAL**.

Sim, a "constituição" do seu concurso! A "regra do jogo"! O "manual de instruções" do certame! O edital traz, em muitos casos, regras que você **TEM QUE SABER** e outras que você **VAI GOSTAR MUITO** de saber!

Vamos às regras mais diretas:

a) Já imaginou a sua "cara de tacho" quando chegar na prova munido de uma caneta azul esferográfica normal, e descobrir que só poderá preencher o cartão resposta com caneta preta? **"MAS ESTAVA NO EDITAL"**, vai avisar o concorrente mais próximo, fingindo compartilhar do seu desespero, mas gargalhando por dentro em gozo pela aparente vantagem em relação a você.

Pois é, não esqueça de ler sobre a **COR DA CANETA**. Leia, aliás, a respeito de tudo que é necessário levar para a prova (documentos com foto, canetas, borracha, santinhos, terço, sal-grosso, tudo!). Lembre-se: está no Edital. **LEIA-O**!

b) E se no meio do concurso o seu telefone tocar? O fiscal vai tomar sua prova, sem dar chance nem de você se defender.

Aos berros (ou aos prantos) provavelmente você vai reclamar (ou implorar) para que a prova lhe seja devolvida. E você receberá a resposta de que **NO EDITAL** estava claro que ninguém poderia estar munido de celular (provavelmente, tem mais alguém na sala que não leu essa informação, mas desligou o celular; este nunca aparecerá em sua defesa, pode acreditar!).

Se o seu edital diz: "**QUALQUER UM MUNIDO DE CELULAR** na sala de aula durante a prova, mesmo desligado, será desclassificado (terá sua prova apreendida imediatamente)", **NÃO LEVE SEU CELULAR**! Sabe o orelhão? Use-o depois que sair da prova! Mas **NÃO LEVE SEU CELULAR**! É lei, leitor!

As bancas examinadoras já aprontam muito com os candidatos, **MUITO MESMO**! Mas é necessário ler as regras do edital e respeitá-las! Pois se elas (as bancas) já pegam no nosso pé por motivos bobos, imagine **TENDO MOTIVO** (desrespeitando o edital). **OK**?

Mas, alto lá! Nem tudo é ruim em um edital! **NÃO**, pelo contrário! Quase tudo no edital tem valor e é bom pra nós, candidatos! Vamos dar um exemplo? Imagine que o edital mencione que a prova será dividida em dois grupos:

CONHECIMENTOS GERAIS (todas peso 1)
Português: 25 questões
Raciocínio Lógico: 10 questões
Informática: 5 questões
CONHECIMENTOS ESPECÍFICOS
Direito (Constitucional, Administrativo, Civil e Penal): 30 questões (peso 1)

Regimento Interno do Órgão: 20 questões (peso 2)

E, imagine que esse edital especifica que:

São considerados automaticamente desclassificados os candidatos que:

- obtiverem nota menor do que 50% dos pontos válidos na prova de **CONHECIMENTOS BÁSICO**S;
- obtiverem nota menor do que 50% dos pontos válidos na prova de **CONHECIMENTOS ESPECÍFICOS**.

Note que não há nenhuma menção a pontuação mínima por matéria! Ou seja, o edital é bem claro: para não "reprovar", tem que acertar, no mínimo, 50% de cada grupo. Agora vamos a uma forma "interessante" de pensar:

No primeiro grupo (Português, Raciocínio Lógico e Informática), há uma matéria que você pode **DEIXAR DE LADO** (simplesmente não estudar). Qual? Informática! São apenas 5 questões. Elas não farão você passar. Português é 5 vezes mais valiosa (25 questões) e, ela sozinha faz você livrar-se da pontuação mínima (se acertar 20, certo?).

Então veja que foi o edital que "o ensinou" a "deixar informática" de lado! Se você lê o edital logo no início (nos primeiros dias de sua publicação), imagine a quantidade de tempo que você ganha deixando a informática de lado para usar esse tempo (que você "gastaria" com ela) para usar com outras matérias mais importantes.

E note no grupo de **ESPECÍFICAS**: 30 questões de "Direito"! Você pode até pensar que ela é mais valiosa que o Regimento Interno (que tem apenas 20 questões). Mas note que a matéria de Regimento tem peso 2, portanto, as 20 questões valem 40 pontos! Nessas horas, amigo leitor, você **TEM** que saber média ponderada! Mesmo que não goste! Tem que saber sim, para perceber quem vale mais!

Sendo assim, aqui vai mais uma dica: para que estudar **DIREITO CIVIL**? Ou Penal, se você não gosta da matéria? Pode deixar um dos direitos de lado, porque o número de questões não será muito alto (30 questões que serão divididas entre os 4 ramos do direito citados). E você usará o tempo que ganhará dela para outra matéria mais importante.

Então, entenda: o edital é a regra que você tem que seguir. E se ele deixar que você, de alguma forma, abandone alguma matéria, faça-o conscientemente. Entenda que o tempo que você ganhará com isso lhe permitirá estudar **MAIS** a matéria que tem mais valor, dando-lhe sensível vantagem em relação a quem não usou essa técnica!

(Anote minhas palavras: vai ter gente que, mesmo lendo essas dicas, vai estudar **TODAS AS MATÉRIAS** e, quando fizer a prova, vai pensar: "Que droga! Por que eu não usei a técnica do João Antonio? Estudei tanto, perdi tanto tempo para essas 5 questõezinhas 'safadas'!".)

Bom, mas quem escolhe o caminho a trilhar é o próprio andarilho! Então, eu seguiria esses meus "atalhos" sem medo... Mas se você vai seguir ou não, a decisão é totalmente **SUA**, caro leitor!

> **FALA, CONCURSEIRO!**
>
> *A Laura Tupinambá, odontóloga do Pará, recorda de uma besteirinha que fez num concurso por ter lido displicentemente o edital.*
>
> *Na última prova de auditor da receita, eu não prestei atenção no tempo de uma das provas, achei que era mais tempo, confundi com o tempo da prova da tarde. Quase não consegui fazer o mínimo em uma das provas porque estava muito tranquila e demorava um pouco mais em cada questão. Mas deu tempo para consertar.*

ANO ELEITORAL E CONCURSOS

Sempre que entramos em um ano de eleições os concursandos de todo o país começam a se perguntar se é possível ou não a realização de concursos públicos durante o período eleitoral. Se você é um deles, caro leitor, mate, de uma vez por todas, a sua dúvida agora!

Com efeito, a Lei Eleitoral nº 9.504, de 1997, em seu art. 73, inciso V, dispõe da seguinte forma:

> *É proibido nomear, contratar ou de qualquer forma admitir, demitir sem justa causa, suprimir ou readaptar*

vantagens, ou por outros meios, dificultar ou impedir o exercício funcional e, ainda, ex officio, remover, transferir ou exonerar servidor público, na circunscrição do pleito, nos três meses que o antecedem e até a posse dos eleitos, sob pena de nulidade de pleno direito.

Cabe aqui uma análise das regras legais pertinentes ao tema.

Do tempo de proibição para nomeação

É bom observar que o período de proibição não incide sobre o ano inteiro, apenas sobre os três meses que antecedem as eleições e até a posse dos eleitos. Com uma eleição para 10 de outubro, por exemplo, a vedação só incidirá a partir do dia 1º de julho, até a efetiva posse dos eleitos.

Além disso, essa vedação não se aplica aos concursos públicos que tenham sido homologados até o termo inicial da proibição (ou seja, se o concurso já houver sido homologado antes de 1º de julho, a nomeação dos novos servidores é perfeitamente possível).

Realização de concursos

Portanto, a lei não proíbe a realização de concursos (publicação de edital, aplicação de provas, realização de cursos de formação etc.). A vedação destina-se apenas à nomeação e à contratação efetiva nos três meses que antecedem as eleições, até a posse dos eleitos.

Das exceções

A Lei nº 9.504/1997 ainda exclui das referidas vedações os seguintes casos:

a) nomeação ou exoneração de cargos em comissão e designação ou dispensa de funções de confiança;

b) nomeação para cargos do Poder Judiciário, do Ministério Público, dos Tribunais ou Conselho de Contas e dos órgãos da Presidência da República;

c) nomeação dos aprovados em concursos públicos homologados até o início daquele prazo (três meses antes das eleições);

d) nomeação ou contratação necessária à instalação ou ao funcionamento inadiável de servidores públicos essenciais, com prévia e expressa autorização do chefe do Poder Executivo;

e) transferência ou remoção ex officio de militares, policiais civis e de agentes penitenciários.

Por tudo isso, fica claro que os concursos homologados até 1º de julho, ou concursos dos TJ, TRE, TRT, TRF, TCE, TCU, MPU, por exemplo, não sofrerão qualquer tipo de vedação em função das eleições!

Do alcance da vedação

Segundo entendimento pacífico do TSE, as vedações do art. 73, da Lei nº 9504/1997, só se aplicam à circunscrição do pleito. Ou seja, só estão proibidas as nomeações na ESFERA do executivo ou legislativo para a qual as eleições são realizadas.

Por exemplo, em um ano eleitoral em que serão escolhidos governadores e presidente da república (como em 2010), os concursos para órgãos municipais (prefeituras) não sofrem nenhum tipo de impedimento, mesmo de nomeações.

Da justiça de tais limitações

Essas restrições legais têm por escopo evitar o uso da máquina administrativa a favor de alguma candidatura, o que também levaria a um inchaço da máquina pública sem a devida necessidade de contratação.

Portanto, são normas de grande valor social que atendem aos predicados de eficiência, equidade e justiça, combatendo o casuísmo e outras formas de nepotismo eleitoral.

5

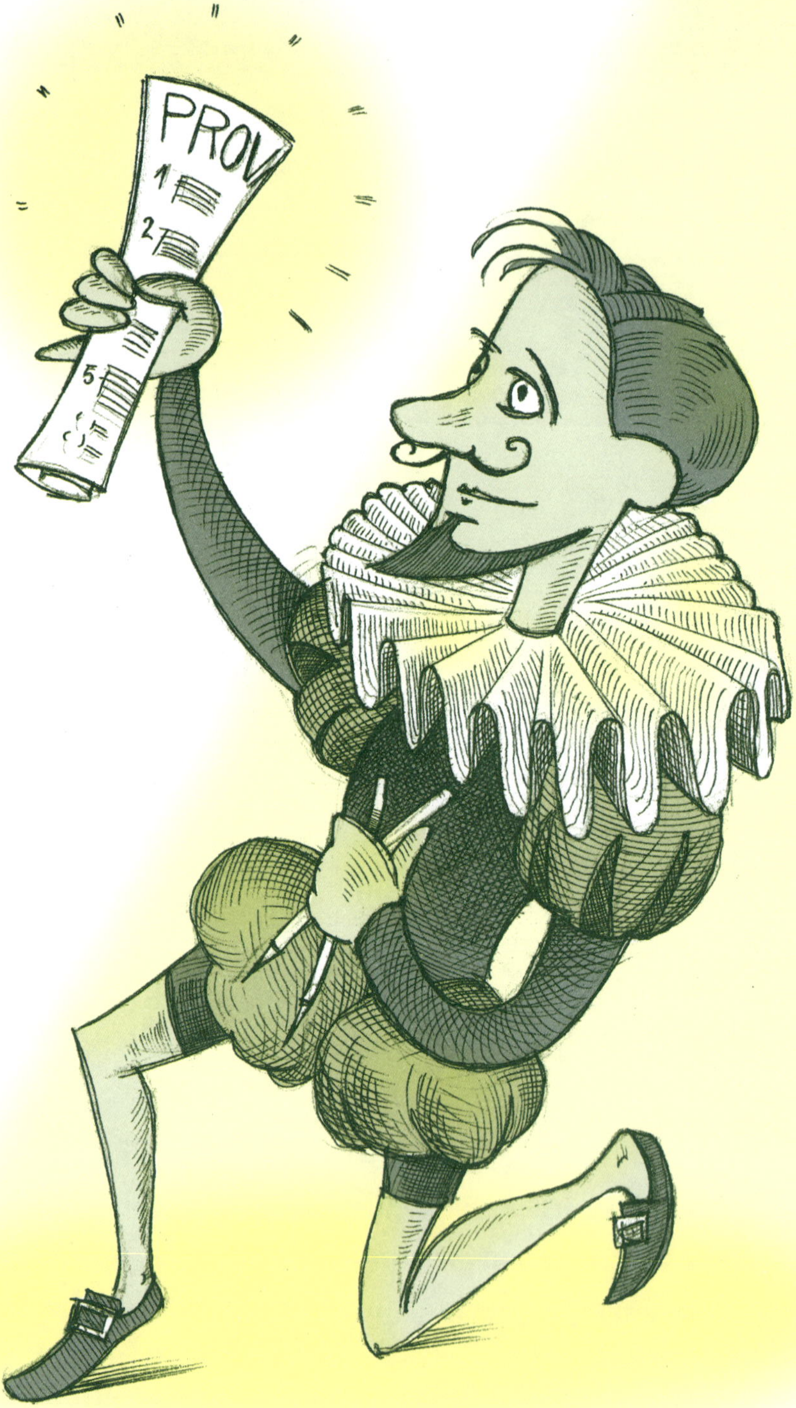
PROV
1
2
5

Capítulo 5
A prova

Dia de prova, dia de estreia

No camarim tudo parece em ordem. Apresenta-se na coxia pelo menos uma hora e meia antes das cortinas subirem. Alimentação leve, hidratação suave mas constante. Texto batido exaustivamente. Repelente, maquiagem, tudo como deveria estar.

Finalmente chegou o dia da estreia! Nessa hora uma profusão de sentimentos invade o ator. Ansiedade, medo, angústia, expectativa, melancolia, culpa, tudo se mistura formando um coquetel de emoções que podem colocar tudo a perder se o protagonista desse drama não se preparou para o momento da verdade.

Agora ele está lá, no palco, encarando uma plateia indecifrável e expectante. Não há como recuar, nem como mascarar nada. Apenas o talento importa.

Ele está convicto de que será cobrado por familiares, amigos e críticos que sabem da estreia.

Como todo artista sabe que o inesperado pode acontecer, ele tem que estar preparado para lidar com isso, transformando o inusitado em arte alternativa, fruto do improviso que o diferencia na multidão de pseudoprotagonistas que o cercam, ávidos na busca pela criatividade não alcançada.

O verdadeiro artista sabe que, por mais que se ensaie, por mais que o texto esteja decorado perfeitamente, nada sai exatamente como o planejado. Como é diferente o mundo das ideias do mundo real!

Converter vários sentimentos em um único é tarefa árdua, mas que terá sua recompensa na profusão de aplausos no encerramento do primeiro ato. Todo mundo sabe que o primeiro ato é sempre o mais difícil.

À medida que as cenas se sucedem, o nervosismo inicial é substituído pela paixão de atuar, pela certeza de que é possível vencer os sucessivos desafios inerentes a arte de interpretar. Todavia, manter o equilíbrio emocional é crucial de forma a não se empolgar excessivamente e subestimar a inteligência da plateia. Até porque, cativar é, antes de mais nada, um exercício de paciência.

No final, quando o pano cair e as luzes se acenderem, restará a convicção de que ele deu o melhor de si e se, por acaso, o sucesso não vier imediatamente, outras peças virão e com elas novas oportunidades de aprovação.

Fala, concurseiro!

Nosso amigo Gabriel Navarro, analista de planejamento, orçamento e gestão (concursado), de Recife, compartilha conosco seu "ritual" nas proximidades da prova (bem, como ele já é concursado, vê-se que o ritual deu certo para ele).

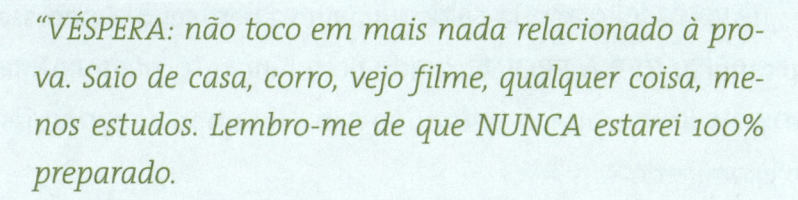

"VÉSPERA: não toco em mais nada relacionado à prova. Saio de casa, corro, vejo filme, qualquer coisa, menos estudos. Lembro-me de que NUNCA estarei 100% preparado.

DIA DA PROVA: compro água e chocolates na bodega (sai mais barato e não corro o risco de estar envenenado – brincadeira conspiratória!), compro Salonpas (gosto de usar no pescoço). Minutos antes da prova, faço um alongamento (pescoço, costas e pulsos) e coloco meu salonpas – alguns colegas de sala acham estranho e bizarro e, no primeiro momento, o cheiro pode incomodar, mas acho que me faz relaxar um pouco (peço desculpas aos colegas que já atrapalhei...)."

O tempo não para

Há muito mais "segredos" em uma prova de concurso do que sonha nossa vã confiança em nosso conhecimento. Em muitos casos, não é o mais "sabido" ou o que carrega a maior bagagem de conteúdo.

Um dos principais adversários do concursando é o **TEMPO** que se oferece para ele terminar a prova! Saber a maioria das respostas não é garantia de ter uma prova bem feita! É necessário saber **FAZER A PROVA**, dentro do tempo que é dado! Afinal, de que adianta saber o assunto se não der tempo de provar isso ao examinador?

Vamos para um cenário:

60 questões de múltipla escolha (A, B, C, D, E) e 4 horas para fazê-la.

Vejamos: 240 minutos, 60 questões: são 4 minutos para cada questão.

Em 4 minutos, é necessário: ler a questão, interpretá-la, compreendê-la, ler as alternativas, entender qual delas é a resposta, em muitos casos comparar mais de uma, decidir qual a certa (ou menos errada), marcar no cartão resposta!

É, amigo leitor, é mais do que você imagina, não é?

E, ainda mais se a questão for de cálculo? Nestes 4 minutos entram as resoluções dos cálculos. Ou as "loucuras" do raciocínio lógico... Em suma, 4 minutos é muito pouco para cada questão!

Isso também depende da banca examinadora, claro. A FCC usa questões muito mais diretas, com pouco texto. Quatro minutos, para a FCC, é tempo suficiente. Já o Cespe, a Cesgranrio, ESAF e FGV usam muito texto! A leitura tem que ser acelerada! O candidato tem que ir para a prova com o macete de ler rápido em mente!

Acostume-se, amigo leitor! Acostume-se a ler rápido nos seus estudos! Faça "simulados" em casa com tempo contado! Acostume-se a ler cada questão em 2 ou 3 minutos! Crie essa necessidade em você!

Quando a prova lhe trouxer essa exigência, não será nada difícil cumpri-la! Como conseguir isso? Fazendo exercícios. Muitos! Exigindo-se tempo máximo para fazê-los!

Faça seu estudo da sua maneira. Consuma quantas horas achar necessário para estudar, mas, na hora do exercício, escolha um caderno específico deles e comece a marcar o tempo! Todo dia, se puder, faça um "simuladinho" com tempo na sua casa! Em total silêncio (se conseguir)! Com 3 minutos para cada questão (comece assim). Depois de algum tempo de costume, baixe para 2 minutos para cada questão. Se for FCC, estipule 2 minutos no início e, depois que tiver se acostumado, abaixe para 1 minuto e meio para cada questão. Você só estará preparado se conseguir fazer mais de 90% do seu simulado!

VAMOS TRAZER UM EXEMPLO MAIS PRÁTICO:
30 questões de Direito Constitucional da FCC.

1 hora de duração (contado de relógio, hein? Sem "prorrogação").

Placar ideal: 27 questões certas.

É duro pensar assim? É difícil conseguir isso? Sim! Mas se você chegar lá... Se você conseguir 90% em suas questões, nestes termos, a prova em si vai parecer que tem mais tempo do que o normal!

Ou seja, o negócio é ser mais exigente nos treinos do que a prova é normalmente.

Uma das mais felizes surpresas que tive recentemente foi o método de estudo Kumon, em que matriculei meu filho mais velho (eu, João Antonio). Criticado por muitos pedagogos profissionais, o método Kumon se baseia em repetição e velocidade, ao ponto de exigir que uma criança consiga fazer um caderno contendo 100 operações de somar em 10 ou 15 minutos.

No começo, confesso, como professor, fiquei preocupado com a efetividade do método e com a qualidade do aprendizado do meu filho (ele faz Kumon desde os 4 anos). Hoje eu posso afirmar com todas as letras: é interessantíssimo para as crianças e, tenho certeza, para os adultos concursandos também!

Hoje, de tanto usar o computador, meu cérebro anda meio preguiçoso. Somas de dezenas variadas, meu filho (hoje com 7 anos) consegue fazer mais rápido que eu (se fizer "de cabeça"), é simplesmente fantástico!

Todo concursando tem que se acostumar a pensar rápido. Eu até me arriscaria a dizer que não é "pensar", mas sim **AGIR**! Agir rápido, responder rápido.

Faça o máximo de questões, hoje, no mínimo de tempo possível. Então, assim, não será necessário "pensar rápido" na prova. Você já estará acostumado.

Quero deixar claro também que, apesar de ser possível, não se pode depender de questões que se repetem! Fazer muitos exercícios na esperança de encontrar questões iguais em outras provas é quase como uma "aposta" (se bem que na FCC há mais "possiblidades", em algumas matérias, de haver repetições). A gente faz exercícios **COM TEMPO MARCADO** para se acostumar, acostumar o cérebro, acostumar o coração, acostumar a bunda a ficar naquela pressão para responder no menor tempo possível!

"Treine duro, jogue fácil" – frase atribuída a Bernardinho!

EM CASO DE EMERGÊNCIA CHUTE

Para usar em caso de emergência

Nesta longa estrada ensinando para concursos, eu já vi de tudo... Já vi desde palestras escandalosas e desnecessárias de "como passar em concursos" até aulões, de professores renomados, ensinando "como **CHUTAR** em provas" – sim, como **CHUTAR**!

Meu amigo leitor, há técnicas para chutar? Por incrível que pareça, SIM!

Mas, atente para o seguinte: as técnicas que te presenteiam com possibilidades de ganhar alguns pontos na prova **NÃO FARÃO** você passar, a menos que tenha estudado!

Eu vou listar aqui, em poucas linhas, algumas das técnicas, resumidamente, que podem ser usadas para **AJUDÁ-LO** a conseguir **MAIS** pontos (note: **MAIS** pontos! Você tem que ganhar os seus merecidamente).

a) Não é necessário estudar tudo: já vimos isso, não é? Não é necessário estudar todas as matérias. E, se for necessário estudar uma matéria em si, não é necessário estudar todos os tópicos dela!

Analise o histórico da entidade organizadora da prova. Verifique se em outros editais, semelhantes ao seu, ela exigiu determinado assunto no conteúdo do edital, mas nunca fez nenhuma questão a respeito nas provas anteriores. Há uma grande possibilidade de esse tópico não aparecer na prova, mesmo que esteja mencionado novamente no edital.

NÃO SE ILUDA! É você quem vai decidir! Nem eu (João Antonio), nem Sylvio, nem ninguém, pode decidir por você! Se você percebeu que o assunto "x" não vinha caindo nas provas anteriores, é você quem vai se arriscar a não estudá-lo! E, meu amigo leitor, fatalmente dá certo!

b) Divisão igualitária das respostas: normalmente, por questões matemáticas, uma matéria, digamos, Direito Constitucional, tem suas questões divididas igualmente entre as alternativas. Ou seja, se há 10 questões, então 2 serão "A", 2 "B", 2 "C", 2 serão "D" e as duas restantes terão resposta "E".

Note, porém: **NÃO É GARANTIDO**!

Um forte sinal de que será assim é se houver **PONTUAÇÃO MÍNIMA** expressa no edital para aquela matéria.

Por exemplo: é necessário acertar, no mínimo, 40% da pontuação da prova de Direito Constitucional (ou seja, se são 10 questões, temos que acertar no mínimo 4 delas). Se um candidato "que caiu de paraquedas" tentar passar chutando apenas uma letra (tudo "D" de "Deus", por exemplo), vai acertar, graças à divisão igualitária que a banca fez, apenas 20% da prova! Logo, ele **NÃO PASSARÁ**! (Ele confiou em Deus, claro, mas o Pai Eterno não poderia deixá-lo passar! Seria injusto com os que realmente estudaram!).

Perceba a **REGRA** do jogo!

1) Se existe pontuação mínima em uma única matéria (exemplo: você deverá acertar 50%, no mínimo, de português), então a divisão das questões acontecerá em português (ou seja, se são 30 questões, 6 serão "A", 6 serão "B" e assim por diante).

2) Se existe pontuação mínima em um grupo de matérias (exemplo: você deverá acertar, no mínimo, 40% da prova de Conhecimentos Básicos - composta por Português, Raciocínio Lógico e Informática), então a divisão igualitária não acontecerá necessariamente em cada matéria, acontecerá no grupo (você deve olhar o grupo como uma coisa só).

3) Se não existe pontuação mínima em jogo, a divisão igualitária das questões não será necessária (não há razão matemática para fazê-la).

De qualquer forma, o que se ganha com a divisão igualitária das questões?

Digamos que você marcou 6 das 10 questões da prova de raciocínio lógico (ou seja, faltam ainda 4 questões para marcar). O tempo está se esgotando... Você não conseguirá completar todas as 10 questões conscientemente... O fiscal está vindo... Você percebeu que, das 6 que você marcou:

1 é "A", 2 são "B", 1 é "C" e 2 foram "E". Percebeu? Nenhuma das questões que você marcou teve resposta "D". Em suma: das 4 questões faltantes, 2 são "D" (por causa da divisão igualitária). Agora, o que fazer? **MARQUE TODAS AS 4** que faltam com a letra "D". Você vai errar 2, eu sei! Mas vai ganhar 2 pontos a mais!

Com certeza, caro leitor, é bem melhor do que "chutar" sem consciência... Escolher, loucamente, qualquer resposta pode fazer você errar as 4 que faltavam! Pense bem!

Novamente, é você quem vai ser responsabilizado se usar essa técnica! Não venha botar a culpa em mim, ok? Eu, se estivesse fazendo uma prova, usaria essa técnica!

Existem muitas outras dicas e técnicas falíveis (que podem falhar), caro leitor, mas é **VOCÊ** quem as construirá, com o passar do tempo e com o passar dos seus estudos! Espero que você consiga construir logo as suas e, claro, que não precise usá-las por muito tempo!

Fala, concurseiro!

Luís Roberto, 32 anos, alagoano, como todo bom contador, vai nos contar sua experiência.

"A melhor técnica de chute é a do professor João Antônio, do Eu Vou Passar. Aquela técnica do Cespe é 'CABRA MACHO' mesmo! Não sei como o 'cabloco' consegue prestar atenção a uma coisa dessas!

Ganhei 19 pontos na prova do MPU! Tive o direito de ter a minha redação corrigida! Para meu primeiro concurso, foi excelente! O João Antônio sabe 'chutar' melhor que o Zico!"

Obs.: Caro leitor, a técnica a que o Luís se refere está no site da Editora Campus/Elsevier (no site deste nosso livro!) – Vai ajudar bastante! É um videozinho explicativo muito interessante!

6

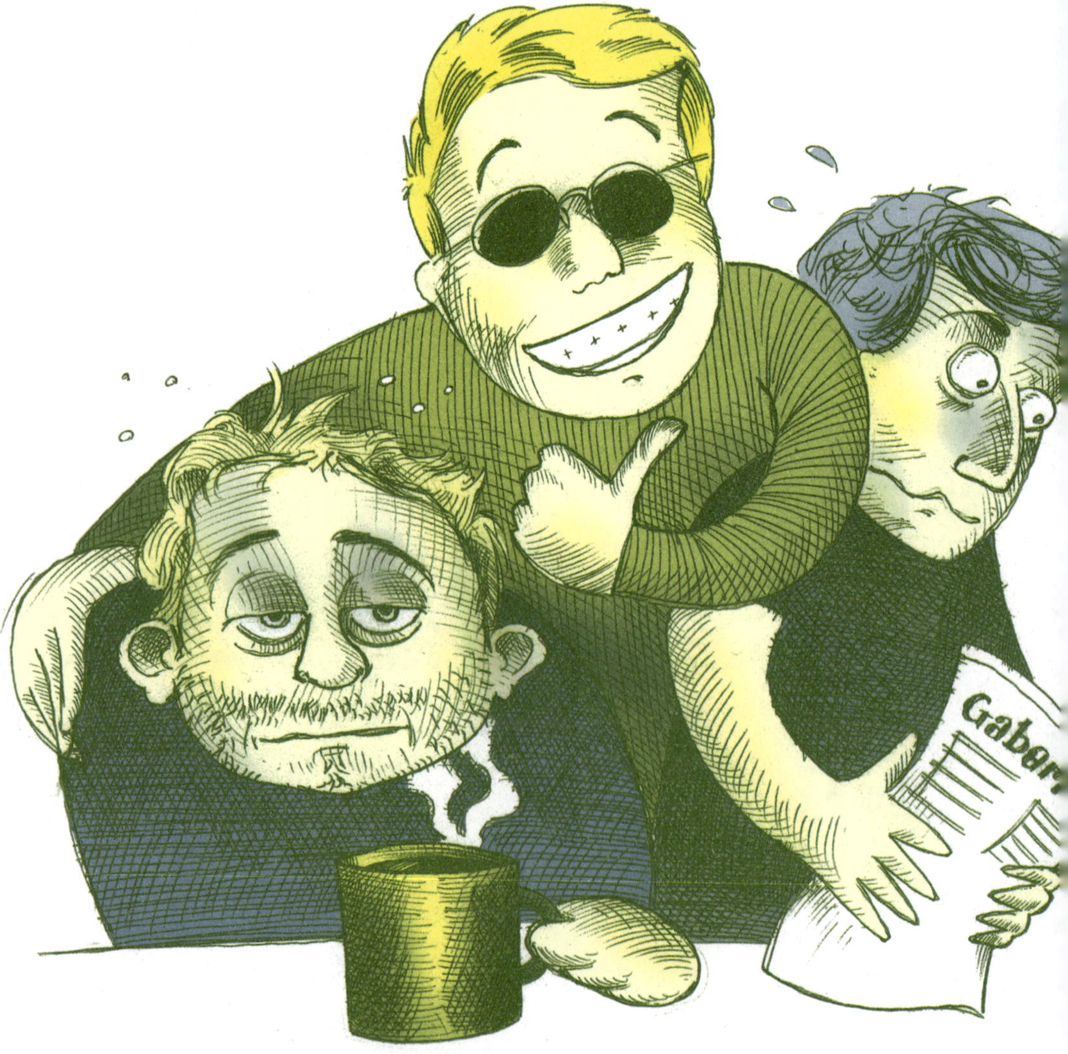

Capítulo 6
O dia seguinte

A manhã seguinte

Este tópico vai, especialmente, para aqueles que já acordaram de "ressaca" do concurso e, pela primeira vez em um longo tempo, encontram-se "livres", mesmo que momentaneamente, da exigência de estudar.

As reações dos candidatos depois da prova são as mais variadas possíveis. Alguns acordam confiantes no bom desempenho, outros nem dormem de tanta ansiedade.

Existem, ainda, aqueles que, terminada a prova, conseguem se desligar completamente, enquanto outros fazem questão de discutir os gabaritos, compará-los e, se for o caso, subir em tribunas e defender a sua verdade em detrimento da verdade do outro (e, não raro, da verdade da banca).

Conheço um caso de candidato que sente um sono profundo e, se deixarem, dorme mais de doze horas seguidas. Uns têm a sensação do dever cumprido e outros, o medo da reprovação.

Não cabe aqui nossa opinião acerca de O QUE você vai fazer ou COMO você vai fazer depois da prova. A gente mal tem autoridade para lhe dizer o que fazer ANTES, que é a nossa especialidade! Portanto, APROVEITE! Você enfrentou o que tinha de enfrentar. Agora é saber se você está realmente livre dos estudos ou se apenas parar por um tempo para recarregar as "baterias".

Mas acho que aqui cabe uma frase para nossa reflexão: "Para ter algo que nunca teve é preciso fazer algo que nunca fez".

E você, como reage?

FALA, CONCURSEIRO!

Kleber M., arquiteto, 26 anos, nos ajuda com algumas boas dicas, e outras contestáveis.

"Dormir! Dormir 17 horas seguidas e acordar somente para sentir vontade de dormir de novo! Depois da segunda hibernação, já dá para começar a pensar em tirar o atraso de tudo que o período de estudo me privou.

Neste último concurso do MPU eu, inclusive, nem dormi, pois minha prioridade foi arrancar todas as páginas de um livro que SÓ ME PREJUDICOU na prova (fui mal demais na matéria) e depois, uma a uma, queimá-las numa fogueirinha em frente de casa!

Depois disso, eu dormi como um bebê! Sensação de dever cumprido (com a queima do livro)."

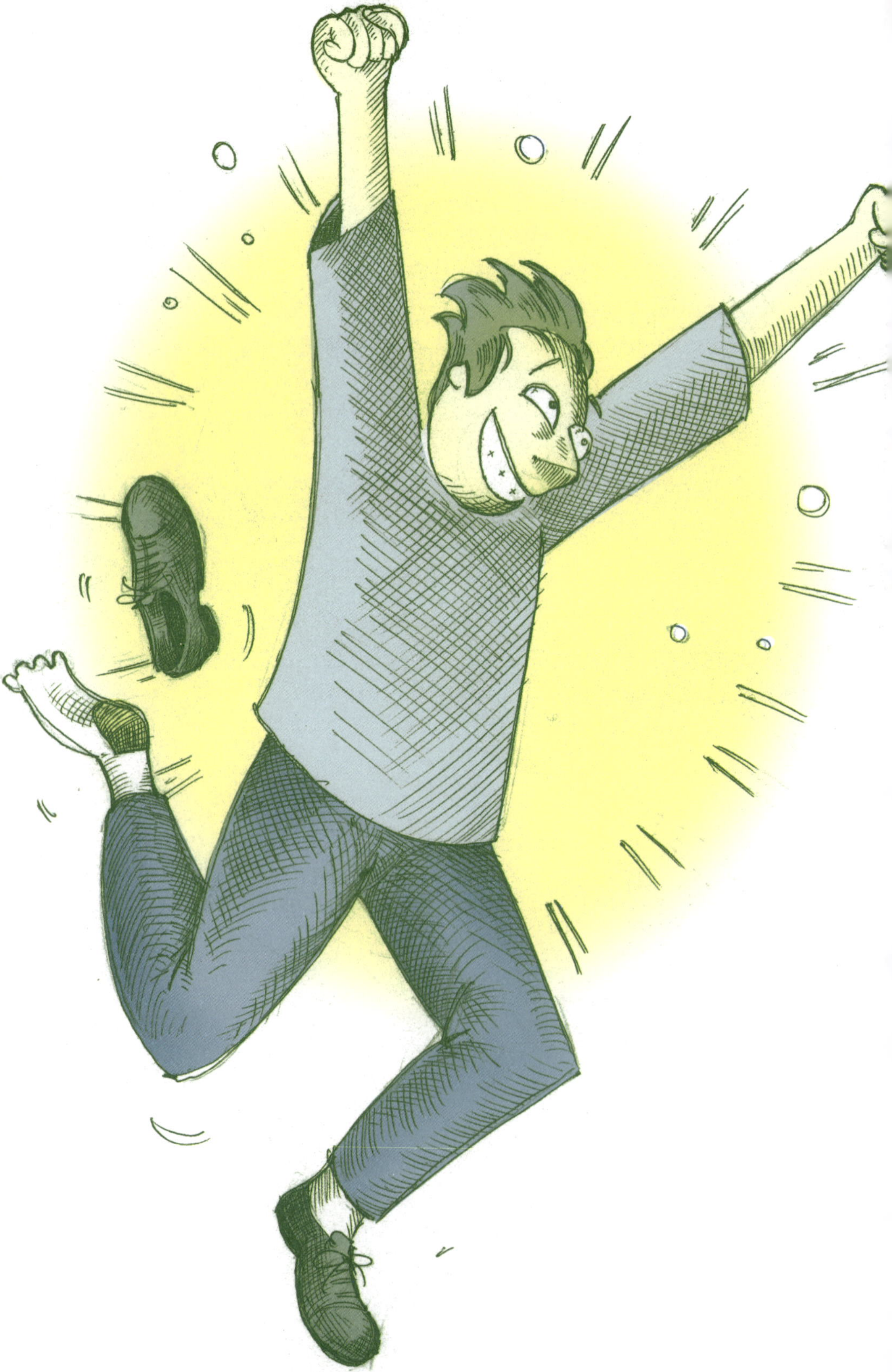

Passei, e agora?

Muita gente acha que passar em um concurso significa o final de todos os problemas financeiros e existenciais. Ledo engano. Dependendo do seu perfil, da visão que você tem do serviço público e do que você espera dele, o dia da aprovação pode ser o início de uma grande decepção.

É que, às vezes, a gente fica tão envolvido no processo de preparação que se esquece do depois. Vale a pena uma pausa para reflexão.

Para começar, você não deve se perguntar o que o emprego público pode fazer por você e sim o que você pode fazer pela sociedade quando for um servidor público. Isso é importantíssimo!

A esmagadora maioria dos candidatos pensa na remuneração, na carteira funcional, na estabilidade e se esquece de um item muito importante: o significado da palavra servidor. Servidor é aquele que serve, que ajuda, que dissipa dificuldades e abre caminhos. Para ser um servidor é necessária uma vocação para servir ao outro.

Servir não significa estagnar, isso seria parecido com confundir serenidade com acomodação. Ao contrário, significa buscar novos desafios, encontrar novas vocações, vislumbrar novos horizontes.

Ai você se pergunta: "mas será que isso é possível dentro de uma repartição pública?"

Claro que sim! Quer dizer, tudo depende do que você espera e do que vai fazer da sua vida depois que passar. A grande maioria se acomoda, prefere o "conforto da boiada" porque simplesmente é mais fácil.

Por outro lado, existem aqueles que ousam inovar e que não se importam com o que os outros estão fazendo ou deixando de fazer, apenas dão o melhor de si porque possuem uma percepção mais madura e transcendente da vida.

Creio piamente que desde o momento em que você desperta até o minuto em que adormece, a vida lhe oferta chamados dos mais variados tipos. Cabe a cada um discernir sobre quais chamados vai atender e assumir a plena responsabilidade por "ouvir" uns e "esquecer" outros. Se você foi chamado a servir, fazer o seu melhor é a forma mais eficiente de agradecer pela oportunidade que a vida lhe ofertou.

Caso esteja arrependido, é só ouvir novos chamados e encarar novos desafios. Para isso, no entanto, é preciso coragem para mudar, além de toda aquela disciplina e determinação para se dedicar aos estudos novamente!

FALA, CONCURSEIRO!

Quando passou no Detran/RJ, Giselle Fernandes Teixeira, 30 anos, formada em Educação Física, conta que não acreditava...

"A vontade era sair gritando, contando para todo mundo! Valeu a pena todo o esforço! O meu nome estava lá, na lista! A sensação é tão boa, que devemos continuar buscando repetições desta experiência, sempre para o cargo/órgão que desejamos!"

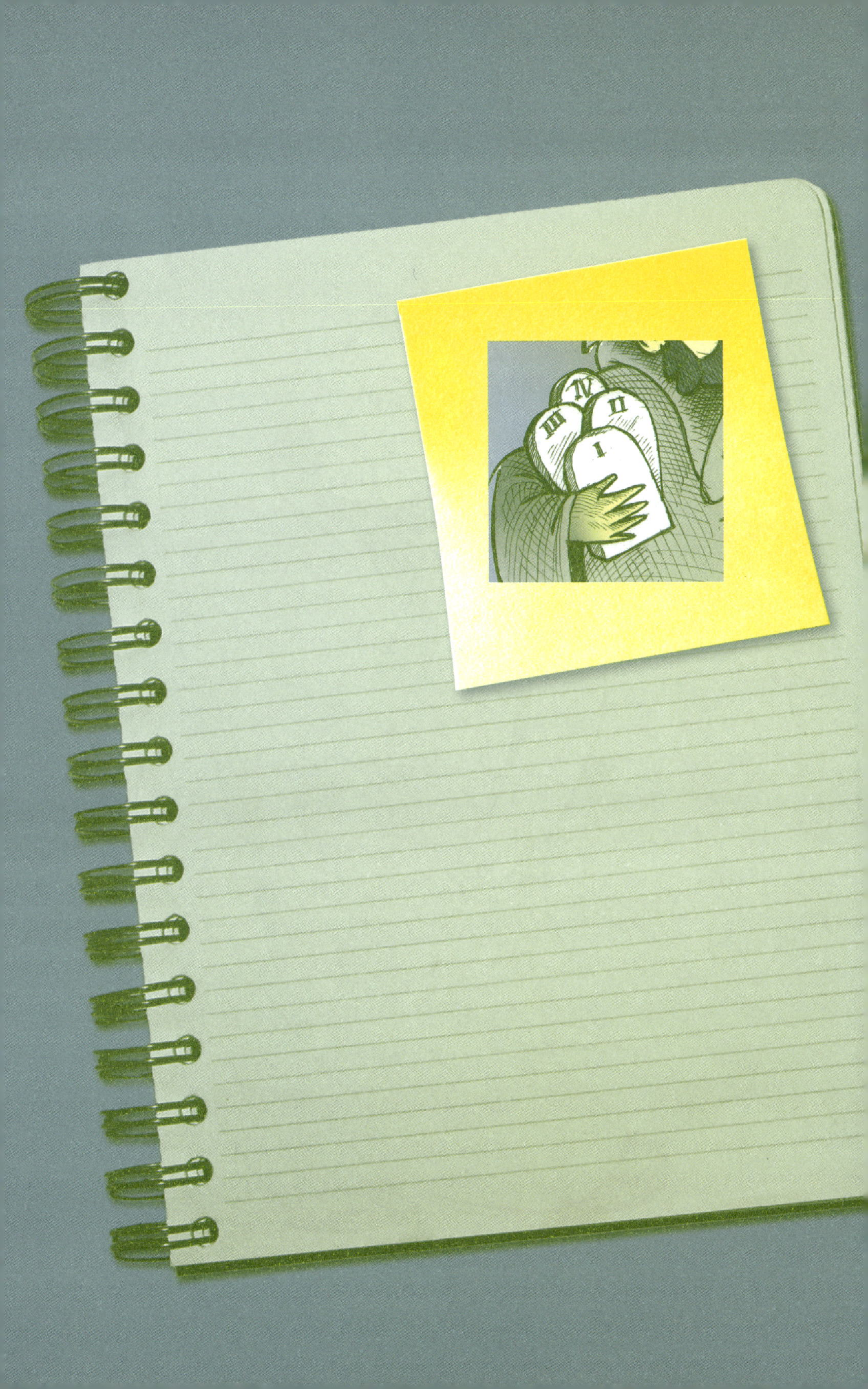
IV
III
II
I

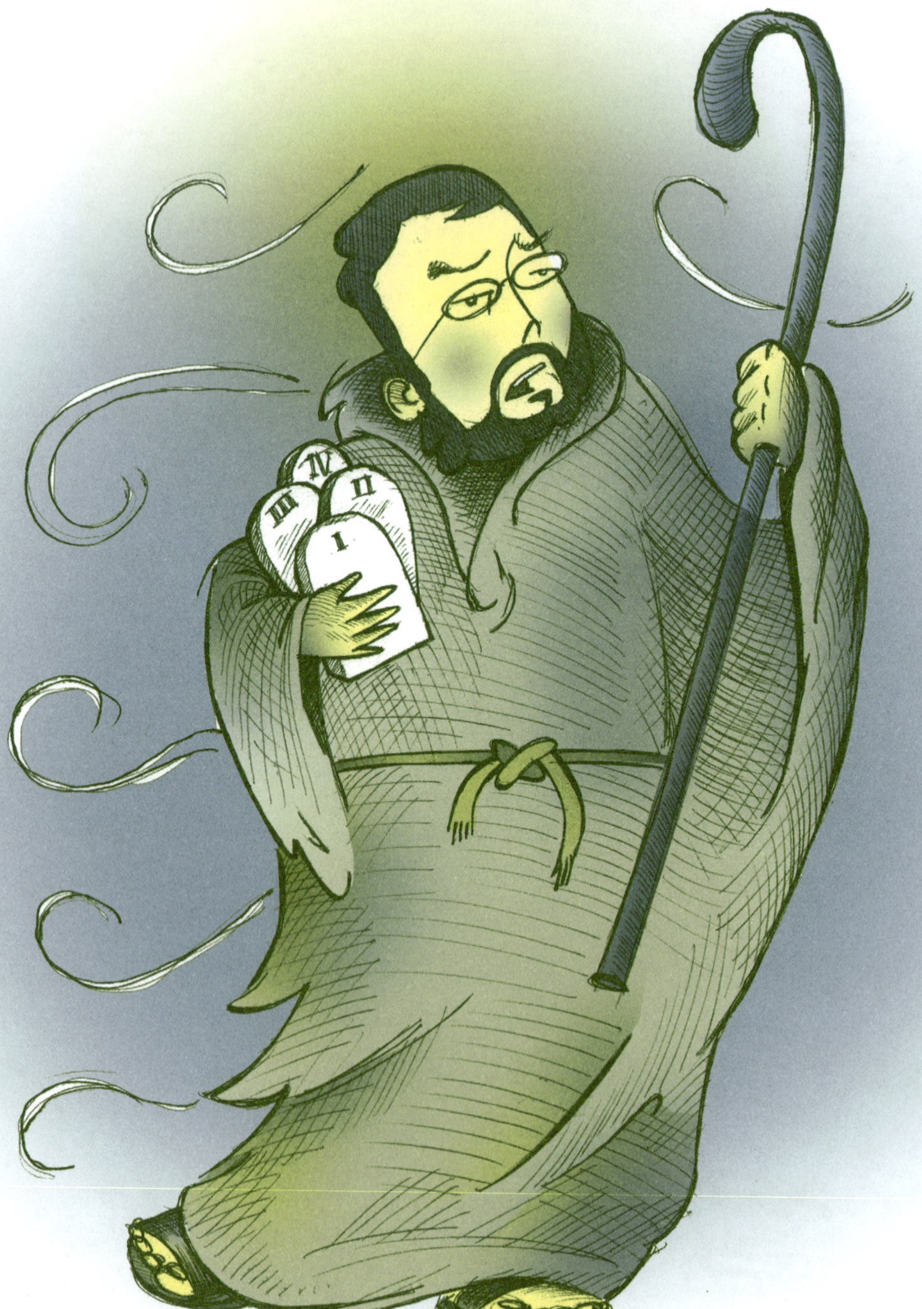
IV
III
II
I

Capítulo 7
Os Dez Mandamentos do Concursando

I - Não atirarás para "todo lado"

Como já foi visto anteriormente (no Capítulo 1), existem, basicamente, três grandes áreas de concurso público: a área jurídica, a área fiscal e a área técnica. Cada uma delas com suas características únicas.

E, também como foi mostrado, é imprescindível que haja fidelidade ao foco (alvo do estudo). Não se deixe levar pela tentação de sair tentando todo e qualquer concurso que aparecer por aí!

II - Seja humilde

A humildade é um bom conselho para tudo na vida e não seria diferente para os que pretendem um cargo ou emprego público. Aprenda a gostar de todas as matérias e não faça discriminação porque você precisará de todas elas para passar.

Tenha sempre em mente que você vai disputar a vaga com pessoas muito bem preparadas, portanto, estude sempre e muito.

A arrogância é um forte indício de imaturidade e insegurança. Ninguém é superior, todos somos essencialmente iguais, o que nos difere é a percepção das oportunidades que a vida oferece e o consequente desenvolvimento dos nossos talentos individuais.

Eu, por exemplo, tenho talento para lecionar, talvez o seu talento seja outro, mas com certeza você também é muito bom em alguma coisa (ou em várias). A medida que a gente descobre os nossos talentos e os compartilhamos pelo simples prazer de ajudar, crescemos em mente e espírito.

Portanto, se você é bom em matemática, ajude quem não é. E, ao mesmo tempo, aceite a ajuda de quem é bom em contabilidade.

Ajude sem presunção e aceite ajuda sem subserviência.

III - Não terás sorte

A possibilidade de alguém passar em um concurso contando com a sorte é... **NENHUMA!** O céu só ajuda a quem merece. Portanto, se você fizer a sua parte, certamente o mundo conspirará a seu favor.

Já ouvi muito a frase: "dei muita sorte, caiu exatamente o que estudei". Geralmente quem diz isso estudou quase tudo ou, pelo menos, o que tinha mais probabilidade de cair. Tenho a convicção de que se você acertou é porque mereceu acertar. Portanto, faça a sua parte. Não espere que na hora da prova um espírito vá psicografar as respostas para você, isso não vai acontecer, ok?

IV – Não escutarás falsos profetas

Não existe uma fórmula para passar e você não precisa saber nada para passar em concurso público que já não saiba. Tudo o que você precisa já está dentro de você (e o que não está, você só tem que **ESTUDAR**).

Converse com você mesmo e se descubra.

Só perca seu tempo e seu dinheiro comprando livros de autoajuda se você for completamente incapaz de manter um diálogo franco consigo mesmo. Se possível, coloque Deus na conversa que ajuda muito também.

Caso você não seja uma pessoa alienada – e a palavra já se explica: ali e nada (ali não há nada!) – não dê crédito a pessoas oportunistas que apresentam fórmulas milagrosas para aprovação.

Você não precisa de nenhum guru, ninguém precisa. Basta o mínimo de personalidade e autocrítica.E, claro, muita determinação e **ESTUDO**! Sempre o bendito **ESTUDO**!

A experiência do outro será sempre do outro, ela não vai te ensinar nada de novo. Até porque a experiência é do outro e não sua. Assim como ele não é igual a você e a recíproca é verdadeira.

Se dois irmãos, mesmo gêmeos, criados pelos mesmos pais, com a mesma orientação religiosa e familiar podem ser tão diferentes, o que faz você pensar que uma simples metodologia de estudo pode servir para todo mundo? Desbrave seus próprios caminhos, seja autêntico.

Pensar por si mesmo dá mais trabalho, mas também dá mais prazer.

V – Serás fiel

Procure seguir fielmente o conteúdo programático das matérias constantes no edital. Evite se perder em devaneios e "viagens" sobre o que pode ser importante ou não para estudar. Estude tudo!

E não caia na armadilha de começar a estudar uma matéria resolvendo questões. Não dá para colocar a carroça na frente dos bois.

Se o edital apresentar uma bibliografia, procure ler os livros sugeridos e, se possível, estude por eles.

Os cursos preparatórios desempenham um papel importante nesse processo de planejamento, acompanhamento e avaliação de desempenho. Se não der para pagar um curso, estude por livros especializados e de preferência que enfoquem as tendências da banca examinadora do concurso para o qual você está se preparando.

VI – Retornarás ao início antes do fim

O processo de aprendizado deve ser organizado de forma a propiciar ao candidato mecanismos de compreensão da matéria estudada em aspecto pontual e geral.

As idas e vindas no estudo são fundamentais para isso. Até porque, por meio delas, o candidato começará a perceber alguns processos aleatórios que lhe permitirão estabelecer diversos pontos de interligação nas disciplinas de áreas afins.

Tudo isso será coroado pela simples comparação de resumos e anotações.

É como se você estivesse montando um imenso quebra-cabeça em que, no início, as peças parecem não se encaixar corretamente. No entanto, se você persistir, vai descobrir extasiado que tudo se encaixa perfeitamente e, finalmente, vai contemplar o cenário de sua aprovação.

Para tudo isso acontecer, não se esqueça de fazer revisões de véspera, ler seus resumos, refazer questões e, sobretudo, reler a legislação pertinente.

VII – Não cobiçarás dois cargos ao mesmo tempo

Evite se preparar para mais de um concurso ao mesmo tempo, mesmo que sejam, ambos, da mesma área. Caso contrário, você dará vantagem competitiva a seus concorrentes que estudam com exclusividade para apenas um concurso.

Se for possível, evite isso mesmo que os cargos sejam da mesma área. A minha experiência profissional atesta que preparar um candidato para o concurso de delegado da Polícia Federal é bem diferente do que prepará-lo para o cargo de delegado de Polícia Civil. Mesmo que as matérias sejam as mesmas, que seja idêntico o nível de escolaridade exigido e que coincida ser a mesma instituição examinadora a realizar ambos os processos seletivos, ainda assim, recomendo muita cautela.

Eu sei que nem sempre você vai seguir esse mandamento porque a tentação (ou o desespero) é grande. No entanto, permita-me lembrá-lo que existem sempre dois caminhos: o que parece mais fácil e o certo.

VIII – Aprenderás, apreenderás e praticarás

Sócrates (V a.C.) ensinava aos seus discípulos que o processo de aprendizado latu sensu (ou seja, mais abrangente), compreendia três estágios distintos, como descrito a seguir.

Aprender stricto sensu, ou seja, tomar contato com a ideia nova pela primeira vez. Geralmente isso ocorre na sala de aula.

Apreender, isto é, reavaliar, rediscutir, rever aquela ideia recentemente aprendida e relacioná-la com outras ideias novas e antigas, procurando estabelecer uma relação familiar com tudo o que está sendo aprendido. Trazer para o seu dia a dia todo esse conhecimento é uma forma de apreender melhor.

Praticar: para isso a resolução de questões das provas anteriores é fundamental. Assim você verifica como o que aprendeu e apreendeu está caindo nas provas.

Dentro desse contexto, recomendo que você comece por uma turma básica com as matérias comuns à sua área de interesse. Em seguida, faça módulos por matérias, de acordo com suas dificuldades e, por fim, pratique em turmas de exercícios que enfoquem provas recentes patrocinadas pela mesma banca examinadora.

IX – Respeitarás os mais velhos

Peça sempre orientação aos seus professores sobre o material mais adequado para aquele concurso e para aquela banca examinadora. Não despreze esses conselhos porque, em regra, são valiosos.

Uma coisa é você permitir que um aventureiro qualquer dite como você deve estudar e por quanto tempo. Coisa bem diversa é ouvir os conselhos de pessoas em quem você aprendeu a confiar, principalmente se elas são experientes na preparação de candidatos para concursos públicos.

Aprenda a discernir sobre o que deve ser levado a sério e nunca menospreze seus professores.

X- Cumprirás a lei

A lei do concurso é o edital, portanto, antes de mais nada, leia-o com atenção para se certificar de que você atende a todas as exigências.

Preste especial atenção às exigências relacionadas a escolaridade. Alguns editais de concursos que exigem nível superior estão excluindo os denominados cursos tecnológicos (para o título de Tecnólogo) que, em regra, são concluídos em dois anos e meio, e são vendidos pelas universidades particulares como sendo cursos superiores. Depois não adianta querer discutir em juízo as regras do edital. Fique atento!

CONHEÇA OUTRAS OBRAS DOS AUTORES:

INFORMÁTICA PARA CONCURSOS
Teoria e Questões
de João Antonio
Série Provas e Concursos
ISBN: 978-85-352-3212-7
Páginas: 768

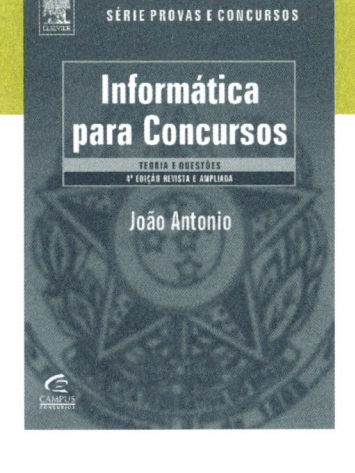

DIREITO CONSTITUCIONAL
Teoria, Jurisprudência e Questões
de Sylvio Motta
Série Provas e Concursos
ISBN: 978-85-352-4159-4
Páginas: 976

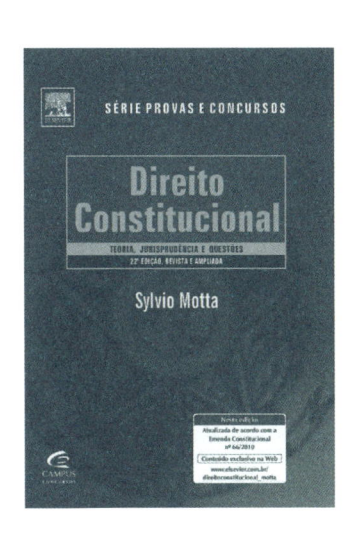

Conheça também:

Guia de Preparação do Concurseiro Solitário
Porque você não está sozinho na guerra dos concursos públicos
de Charles Dias
Série Ferramentas do Desempenho
ISBN: 978-85-352-4208-9
Páginas: 120

Raciocínio Lógico Essencial para Concursos
90 questões resolvidas e mais de 230 questões propostas com gabarito
de Guilherme Neves
Série Provas e Concursos
ISBN: 978-85-352-3877-8
Páginas: 216

CONHEÇA TAMBÉM:

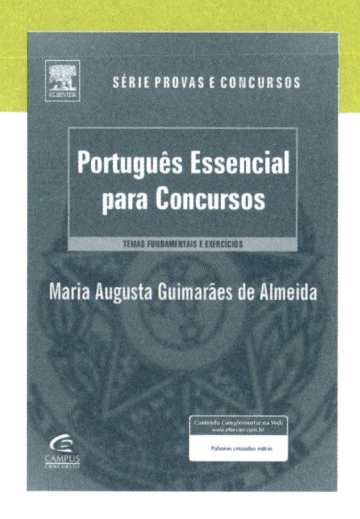

PORTUGUÊS ESSENCIAL PARA CONCURSOS
Temas Fundamentais e Exercícios
de Maria Augusta Guimarães de Almeida
Série Provas e Concursos
ISBN: 978-85-352-3959-1
Páginas: 272

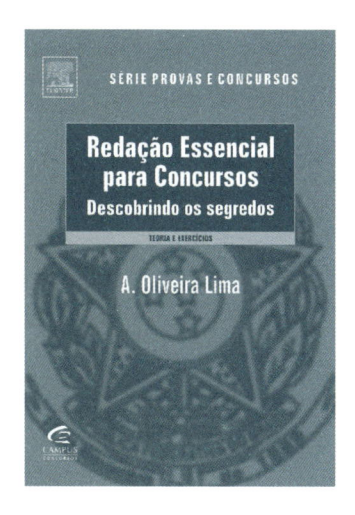

REDAÇÃO ESSENCIAL PARA CONCURSOS – DESCOBRINDO OS SEGREDOS
Teoria e Exercícios
de A. Oliveira Lima
Série Provas e Concursos
ISBN: 978-85-352-4497-7
Páginas: 280

Cartão Resposta

050120048-7/2003-DR/RJ
Elsevier Editora Ltda

CORREIOS

ELSEVIER

SAC | 0800 026 53 40
ELSEVIER | sac@elsevier.com.br

CARTÃO RESPOSTA
Não é necessário selar

O SELO SERÁ PAGO POR
Elsevier Editora Ltda

20299-999 - Rio de Janeiro - RJ

---

nosso trabalho para atendê-lo(la) melhor e aos outros leitores.
Por favor, preencha o formulário abaixo e envie pelos correios ou acesse
www.elsevier.com.br/cartaoresposta. Agradecemos sua colaboração.

Seu nome: _____

Sexo: ☐ Feminino ☐ Masculino   CPF: _____

Endereço: _____

E-mail: _____

Curso ou Profissão: _____

Ano/Período em que estuda: _____

Livro adquirido e autor: _____

Como conheceu o livro?

☐ Mala direta
☐ Recomendação de amigo
☐ Recomendação de professor
☐ Site (qual?) _____
☐ Evento (qual?) _____
☐ E-mail da Campus/Elsevier
☐ Anúncio (onde?) _____
☐ Resenha em jornal, revista ou blog
☐ Outros (quais?) _____

Onde costuma comprar livros?

☐ Internet. Quais sites? _____
☐ Livrarias ☐ Feiras e eventos ☐ Mala direta

☐ Quero receber informações e ofertas especiais sobre livros da Campus/Elsevier e Parceiros.

Siga-nos no twitter @CampusElsevier

Qual(is) o(s) conteúdo(s) de seu interesse?

Concursos
- [ ] Administração Pública e Orçamento
- [ ] Arquivologia
- [ ] Atualidades
- [ ] Ciências Exatas
- [ ] Contabilidade
- [ ] Direito e Legislação
- [ ] Economia
- [ ] Educação Física
- [ ] Engenharia
- [ ] Física
- [ ] Gestão de Pessoas
- [ ] Informática
- [ ] Língua Portuguesa
- [ ] Línguas Estrangeiras
- [ ] Saúde
- [ ] Sistema Financeiro e Bancário
- [ ] Técnicas de Estudo e Motivação
- [ ] Todas as Áreas
- [ ] Outros (quais?)

Educação & Referência
- [ ] Comportamento
- [ ] Desenvolvimento Sustentável
- [ ] Dicionários e Enciclopédias
- [ ] Divulgação Científica
- [ ] Educação Familiar
- [ ] Finanças Pessoais
- [ ] Idiomas
- [ ] Interesse Geral
- [ ] Motivação
- [ ] Qualidade de Vida
- [ ] Sociedade e Política

Jurídicos
- [ ] Direito e Processo do Trabalho/Previdenciário
- [ ] Direito Processual Civil
- [ ] Direito e Processo Penal
- [ ] Direito Administrativo
- [ ] Direito Constitucional
- [ ] Direito Civil
- [ ] Direito Empresarial
- [ ] Direito Econômico e Concorrencial
- [ ] Direito do Consumidor
- [ ] Linguagem Jurídica/Argumentação/Monografia
- [ ] Direito Ambiental
- [ ] Filosofia e Teoria do Direito/Ética
- [ ] Direito Internacional
- [ ] História e Introdução ao Direito
- [ ] Sociologia Jurídica
- [ ] Todas as Áreas

Media Technology
- [ ] Animação e Computação Gráfica
- [ ] Áudio
- [ ] Filme e Vídeo
- [ ] Fotografia
- [ ] Jogos
- [ ] Multimídia e Web

Negócios
- [ ] Administração/Gestão Empresarial
- [ ] Biografias
- [ ] Carreira e Liderança Empresariais
- [ ] E-business
- [ ] Estratégia
- [ ] Light Business
- [ ] Marketing/Vendas
- [ ] RH/Gestão de Pessoas
- [ ] Tecnologia

Universitários
- [ ] Administração
- [ ] Ciências Políticas
- [ ] Computação
- [ ] Comunicação
- [ ] Economia
- [ ] Engenharia
- [ ] Estatística
- [ ] Finanças
- [ ] Física
- [ ] História
- [ ] Psicologia
- [ ] Relações Internacionais
- [ ] Turismo

Áreas da Saúde
- [ ]

Outras áreas (quais?):

Tem algum comentário sobre este livro que deseja compartilhar conosco?

Atenção:

Conteúdo Exclusivo na Web

www.elsevier.com.br/euvoupassaremconcursos

No hotsite do livro, você irá encontrar vídeos exclusivos dos autores e outros materiais atualizados periodicamente, disponíveis para acesso através do código abaixo.

MOTTA

Risque o adesivo com cuidado. Este código de acesso é de uso exclusivo do comprador do livro e não pode ser compartilhado, revendido ou divulgado.